Albert-Reiner Glaap

Stimmen aus Kanada

25 kanadische Dramen
für deutsche Bühnen

Reflections

Literatures in English
outside Britain and the USA

Albert-Reiner Glaap (Ed.)

Band 4

Albert-Reiner Glaap

Stimmen aus Kanada

25 kanadische Dramen
für deutsche Bühnen

ωωτ Wissenschaftlicher Verlag Trier

Die Deutsche Bibliothek - CIP-Einheitsaufnahme

Glaap, Albert-Reiner: Stimmen aus Kanada :
25 kanadische Dramen für deutsche Bühnen /
Albert-Reiner Glaap. -
Trier : WVT Wissenschaftlicher Verlag Trier, 1997
  (Reflections ; Bd. 4)
  ISBN 3-88476-157-9

Gestaltung: Jan Kohl, Jens Ossadnik

Titelfoto: Keith Penner (aus dem Drama
Wild Abandon von Daniel MacIvor)
Umschlaggestaltung: Brigitta Disseldorf
(M. Nottar, Agentur für Werbung & Design, Konz)

© WVT Wissenschaftlicher Verlag Trier, 1997
ISBN 3-88476-157-9

WVT Wissenschaftlicher Verlag Trier
Postfach 4005, 54230 Trier
Bergstraße 27, 54295 Trier
Tel. (0651) 41503, Fax 41504

Inhaltsverzeichnis

Vorwort

Dieses Buch wendet sich an Leser und Leserinnen, die an neuen Tendenzen und Entwicklungen in der Welt des Theaters interessiert sind. Es eignet sich insbesondere als Handbuch und Nachschlagewerk für Dramaturgien an deutschsprachigen Theatern. Daß kanadische Bühnenstücke hierzulande bisher nur wenig bekannt sind, hat zum einen seinen Grund darin, daß es erst seit Beginn der siebziger Jahre unseres Jahrhunderts ein eigenständiges professionelles Theater in Kanada gibt. Bis dahin waren *theatrical activities* in diesem Teil Nordamerikas auf Aufführungen regionaler Amateurgruppen und Inszenierungen von Stücken aus Großbritannien und den USA beschränkt. Zum zweiten waren kanadische Bühnenstücke aus den siebziger und achtziger Jahren für Theaterbesucher in Europa kaum von Interesse. Wer hätte sich wohl Stücke mit spezifisch kanadischen Themen - wie das Leben in der Prärie oder in neufundländischen Fischerdörfern - angesehen? Die Behandlung solcher Themen war in den Anfängen der Entwicklung des Theaters in Kanada ein wesentlicher Bestandteil der Suche nach eigener Identität und des Bemühens, Beweise für die kulturelle Emanzipation von den europäischen Mutterländern und den USA zu liefern. Regionalismus und Nationalismus sind längst durch Globalismus und Multikulturalismus abgelöst worden. Kanadische Dramatiker und Dramatikerinnen schreiben heute, wie Autoren anderswo auch, über Themen, die für Menschen allgemein von Bedeutung sind. Die Vielfalt der ethnischen Gruppen, Rassen und Immigranten, die in Kanada miteinander leben, findet in einer literarischen Polyphonie ihren Ausdruck.

Dieses Handbuch basiert auf zahlreichen Interviews und umfangreichen Recherchen. Die Intention war von Anfang an, 25 Bühnenstücke überblicksweise vorzustellen. Ein erster Schritt wurde in Gesprächen mit Dramaturgen, Regisseuren und anderen Fachleuten an deutschsprachigen Theatern getan, denen Fragen wie die folgenden vorgelegt wurden: An welchen Themen sind Sie besonders interessiert? Welche Art von Stücken würden Sie ernsthaft für Produktionen in Erwägung ziehen? Welche kämen - nach ihrer Kenntnis des von Ihnen intendierten Publikums - keinesfalls in Frage? Die aus den Antworten gewonnenen Erkenntnisse führten zur Auswahl und Lektüre von sechzig Stücken, die dann mit Fachleuten des kanadischen Theaters an Ort und Stelle mit dem Ziel diskutiert wurden, aus ihnen 25 Stücke für dieses Buch auszuwählen. Angesichts der Vielfalt von Aktivitäten an den Theatern im weiten Kanada hätte eine Beschränkung auf Gespräche in den Zentren Toronto, Montréal und Vancouver möglicherweise zu sehr einseitigen Auskünften geführt. Wichtige Theater gibt es auch in Calgary, Edmonton, Halifax, Saskatoon, St. John's (Neufundland) und anderswo. Während einer sechswöchigen Reise, die dankenswerterweise vom Auswärtigen Amt in Ottawa finanziell unterstützt wurde, habe ich *from coast to coast* mit 121 Theaterexperten gesprochen, die die Liste der Stücke nach den Kategorien „eindeutig ja" (d.h. für Aufführungen in Europa zu empfehlen), „eindeutig nein" und „vielleicht" untersuchten. 79 der 121 Befragten haben sich unabhängig voneinander für die in diesem Buch enthaltenen 25 Stücke entschieden. Natürlich ist dies keine im wörtlichen

Sinne des Wortes „objektiv" getroffene Auswahl; eine erhebliche Aussagekraft ist ihr aber nicht abzusprechen.

Drei der 25 Stücke stammen aus der Feder von Natives, sechs sind französisch-kanadische Werke, sechzehn wurden von englisch-kanadischen Autoren geschrieben. Die Titel der Stücke wurden in der Sprache der Originalfassung (englisch oder französisch oder englisch/französisch) belassen, um den Entscheidungen eventueller Übersetzer nicht vorzugreifen.

In der diesem Vorwort folgenden Einleitung gibt Jerry Wasserman einen ordnenden und wertenden Gesamtüberblick über die ausgewählten Stücke, für den ich ihm an dieser Stelle sehr herzlich danke. Wasserman lehrt als Professor an der University of British Columbia in Vancouver; er hat sich als Regisseur und vor allem durch die Edition der zweibändigen Anthologie (*Modern Canadian Plays*, Vancouver: Talonbooks 1993-94) große Verdienste erworben.

Stimmen aus Kanada möchte durch Kurzinformationen und -kommentare den Lesern und Leserinnen Überblicke über wichtige Bühnenstücke und damit Einblicke in das kanadische Gegenwartstheater geben. Interessierte Theater mögen entscheiden, ob eines der *plays*, und welches, übersetzt und dann aufgeführt werden soll. Die 25 Stücke werden in autorenalphabetischer Reihenfolge nach demselben Muster vorgestellt. Einer ersten Seite mit Angaben zu Erstaufführung und Regisseur, Richtwerten zur Besetzung, Angaben zum Bühnenbild, Hinweisen auf Textausgabe(n) sowie Angaben zu den Aufführungsrechten folgt jeweils ein Inhaltsüberblick. In einem daran anschließenden Teil werden unter der Überschrift „Hintergrund und Kommentar" Informationen zum Entstehungskontext und/oder zum Autor und dessen Werk sowie (wo möglich) Hinweise für potentielle Aufführungen des jeweiligen *play* gegeben. Es folgt eine stichwortartige Übersicht über die zentralen Themen. Eine oder zwei Rezension(en) einer kanadischen Aufführung des Stücks und Autoren- und/oder Szenenphotos wurden - soweit verfügbar - integriert.

Dem zentralen Teil des Buches, der der Präsentation der 25 Stücke gewidmet ist, folgt ein Kapitel, in dem weitere bemerkenswerte kanadische Bühnenstücke erwähnt werden. Sie sind den folgenden Themenkomplexen zugeordnet: „Gesellschaftskritische Kommentare", „Überleben und Tod und deren Einfluß auf das menschliche Miteinander", „Was Kriege anrichten", „Zeitgenössische Stücke über bekannte Dramenfiguren" und „Bühnenstücke für Kinder". Die Angaben zu den *plays* auf der jeweils ersten Seite in diesem Teil entsprechen denen im zentralen Kapitel. Ihnen folgen sodann zwei bis drei erläuternde Sätze zum Inhalt.

Am Ende des Buches finden sich Angaben zu den Agenturen der Autoren, kurze Erläuterungen zur Playwrights Union of Canada und CEAD, den beiden bedeutendsten Informationszentren für englisch- bzw. französisch-kanadische Stücke in Kanada. Am Ende des Bandes sind Titel von Anthologien kanadischer Bühnenstücke und Werken der Sekundärliteratur in einer Kurzbibliographie zusammengestellt.

Dem Herausgeber bleibt schließlich die angenehme und freudebringende Pflicht, an dieser Stelle jene zu nennen, die an der Entwicklung dieses Buches mitgearbeitet haben. Ich danke den 121 Interviewpartnern in Kanada für ihre Aufgeschlossenheit und ihre überaus hilfreichen weiterführenden Hinweise, den Autoren der Stücke und deren

Agenturen für ihre Unterstützung und die Überlassung der Photographien, Jerry Wasserman für seine richtungweisende Einleitung, Carol Bolt für ihren Beitrag über die Playwrights Union. Ohne die Materialien und Auskünfte, die mir durch die Playwrights Union of Canada in Toronto und CEAD in Montréal zuteil wurden, wäre dieser Band wohl kaum entstanden; mein großer Dank gilt Angela Rebeiro, Tony Hamill und Linda Gaboriau. Sie waren meine Orientierungspunkte beim Sammeln, Sichten und Ordnen des umfangreichen Hintergrundmaterials. Einen weiteren dreifachen Dank habe ich mir für den Schluß dieses Vorworts aufbewahrt. Er ist an Petra Golisch, Meike Kuhlmann und Felicitas Kugel gerichtet, die das Manuskript geschrieben bzw. redigiert haben. Insbesondere Meikes unermüdlicher Arbeitswille, ihre Energie und Begeisterungsfähigkeit waren wichtige Antriebskräfte. Meiner Frau schulde ich besonderen Dank dafür, daß sie wieder einmal meine Liebe zum Theater und die damit verbundenen Aktivitäten mit großem Verständnis, durch kritische Begleitung und durch ein Übermaß an geschenkter Zeit gefördert hat.

Albert-Reiner Glaap

Einleitung

Heute, in der Mitte der neunziger Jahre, ist es schwieriger als in den siebziger Jahren, das kanadische Theater lückenlos zu beschreiben. Damals waren die Bemühungen, auf Northrop Fryes Frage „Wo ist 'Hier'?" eine Antwort zu finden, im wesentlichen auf die kanadische Geschichte und Regionalgeographie sowie auf soziale Konflikte bezogen. Wo aber ist jetzt, zwei Jahrzehnte später, das 'Hier'? Nachdem der Nationalismus dem Globalismus gewichen ist und das kulturelle Selbstbewußtsein durch den Poststrukturalismus in Frage gestellt wird, sind die Konturen dessen, was man unter dem 'Hier' verstand, verschwommen. Die Grenzen Kanadas sind heute „fronteras americanas". „Toronto, Mississippi" ist keine so ungeläufige Adresse mehr. Wir müssen schon zugeben, daß „Kanada" nur eine von vielen „possible worlds" ist - offen für neue Konzepte, für die Diskussion, Interpretation und Reorientierung durch Dramatiker und auch Politiker. Wenn die „new Canadian kids" schwarze wie weiße Gesichter haben, wenn sie Mandarin genauso wie Englisch oder Französisch sprechen, wird es immer schwieriger, eine Antwort auf die Frage zu finden, wer 'wir' eigentlich sind. Mit den politischen, ökonomischen und demographischen Veränderungen ist das kanadische Theater zu einer immer heterogeneren Institution geworden.

Keine Anthologie oder Auswahl von Stücken kann für sich in Anspruch nehmen, ein repräsentatives nationales oder - im Fall Québecs und dessen, was als der „Rest Kanadas" bekannt geworden ist - bi-nationales Repertoire zu liefern. Angesichts der verschiedenen *First Nations* in Kanada ist aber auch kein multinationales Repertoire zu erwarten. Dennoch ist es Albert-Reiner Glaap gelungen, in diesem Handbuch ein breites Spektrum typisch kanadischer Themen und deren dramatischer Bearbeitungen in 25 zeitgenössischen Stücken von aktueller Bedeutung vorzustellen.
Zwei der frühesten Stücke, die in diesem Handbuch erwähnt sind, *Billy Bishop Goes to War* und *Jitters*, gehen auf die Zeit des Nationalismus zurück, als kanadische Versuche der Selbstbestimmung immer wieder bei Identitätskrisen endeten. Diese waren unmittelbar dem übermächtigen Imperialismus Großbritanniens und der USA zuzuschreiben. Sowohl John Gray als auch David French thematisieren diese Krisen auf komische, meta-dramatische Weise; ihre Figuren sprechen mit der traditionellen kanadischen Stimme ironischer Selbstunterschätzung. Diese Stimme ist auch in Guillermo Verdecchias *Fronteras Americanas* zu vernehmen, dort aber mit einem anderen politischen Akzent. Während die früheren Stücke ein bi-polares koloniales Modell spiegeln, wird in *Fronteras Americanas* - in der Perspektive der neunziger Jahre - persönliche und nationale Identität als ein Bindeglied sich ständig verändernder kultureller und historischer Nachbarbereiche verstanden. In Verdecchias Stück finden sich auch Variationen der Monologform, die so erfolgreich in *Billy Bishop* verwendet wurde. Ein anderer zeitgenössischer Meister, der diese Form perfekt beherrscht, ist Daniel MacIvor, in dessen Stück *House* die politische Komponente zugunsten einer Auseinandersetzung mit persönlichen (und theatralischen) Grenzsituationen zurücktritt. Dadurch, daß hier Elemente der *stand-up comedy* und *performance art* integriert sind, ist *House* teils

grausam, teils unglaublich komisch: eine innere Reise, die von existentieller Verzweiflung gekennzeichnet ist.

Die subtilen Stadtporträts in MacIvors Konzept von Theater unterscheiden sich wesentlich von dem stereotypen Bild einer kanadischen Literatur- und Theaterlandschaft, auf dem man vor allem ländliches Leben und ungezähmte Wildnis wahrnimmt. In einem Kanada, das mehr und mehr auch von Stadtkulturen bestimmt wird, finden Dramatiker oft ihre wildesten Landschaften auf den Straßen eben dieser Städte und in den Herzen derer, die dort leben. In Edmonton, Toronto und Montréal geschehen Morde, so in Brad Frasers *Unidentified Human Remains and the True Nature of Love*, in Judith Thompsons *Lion in the Streets* wie auch in *Being at Home with Claude* von René-Daniel Dubois, drei der hochgepriesenen kanadischen Bühnenstücke des letzten Jahrzehnts, die von drei unserer besten Autoren verfaßt wurden. In jedem der Stücke verbindet sich Gewalt mit Liebe und Sex - hetero- wie homosexuell - , Hand in Hand mit Veränderungen im anonymen Leben der modernen Großstädte. Der Monolog gewinnt in diesen Stücken als Ausdruck persönlicher Entfremdung an Bedeutung, auch in Morris Panychs *7 Stories*, der komischen Bearbeitung vielstimmiger Meta-Erzählungen, aus denen der Teppich des modernen Stadtlebens gewebt wird.

Auch heute beschäftigen sich kanadische Dramatiker weiterhin mit den positiven und negativen Auswirkungen der Familienstruktur auf das Leben des Individuums. Aber anders als in früheren Dramen, in denen primär der Vater-Sohn-Konflikt behandelt wurde, ist in den neuen Stücken eine deutliche Tendenz erkennbar, weibliche Erfahrungen, die Rollen von Mutter, Schwester und Tochter, in den Mittelpunkt zu rücken. Joan MacLeods *Toronto, Mississippi*, Marie Laberges *Aurélie, ma Soeur* und Drew Hayden Taylors *Someday* sind - jedes Stück auf seine Weise - wesentliche Auseinandersetzungen mit der Mutter-Tochter-Beziehung. Einmal geht es um eine geistig behinderte Tochter, dann um ein Kind aus einer inzestuösen Beziehung, schließlich um eine Tochter, die im frühen Kindesalter ihrer indianischen Mutter entrissen und als Weiße aufgezogen wurde. Alle drei Stücke entziehen sich weitgehend den Versuchungen melodramatischer Darstellung, sie bleiben statt dessen nahe an der Komplexität und Unentschlossenheit des realen Lebens. Im Gegensatz zu dem theatralischen Realismus dieser Stücke treffen wir bei Michel Tremblay, Kanadas beliebtestem und erfolgreichstem Dramatiker, auf synchrone Darstellungen ein und derselben Frau, die in fünf verschiedenen Lebensabschnitten einen Krieg gegen sich selbst führt. Die Hauptfigur in *Albertine, en Cinq Temps* ist zugleich Mutter, Tochter und Schwester: ein scharf gezeichnetes Porträt der *québécoise*. Die Familie ist eher der Hintergrund als der eigentliche Kontext des düster-komischen Lebens und Liebens von Sally Clarks Heldin in *Moo*, wie auch der sexuellen und geistigen Erfahrungen der Charaktere in Raymond Storeys gleichermaßen witzigem wie tiefschürfendem Stück über AIDS. Dieses Stück mit dem Titel *The Saints and Apostles* ist sozusagen ein kanadisches Gegenstück zu *Angels in America*, jedoch ohne dessen politische Implikationen.

Familie und Religion verbinden sich zu einer explosiven Mischung in zwei sehr unterschiedlichen dramatischen Bearbeitungen von Mißhandlung, in denen wiederum Frauen im Mittelpunkt stehen. Connie Gaults unheimliches Präriestück *Sky* ist eine auf seltsame Weise faszinierende Geschichte über eine inzestuöse Beziehung, während

Wendy Lill in *Sisters* das Teleskop der Erinnerungen auf Nonnen richtet, die die zerstörerischen Verordnungen ihrer Ersatzfamilie, der Kirche, an Kindern von Natives in einem der berüchtigten kanadischen Internate praktizieren. Es ist bezeichnend für die heutige Theaterarbeit in Kanada, daß beide Stücke eine soziologische oder dokumentarische Behandlung sozialer Probleme vermeiden. Ähnliches gilt für Tomson Highway, der als erster Native Bühnenstücke über die Natives in Kanada geschrieben hat. In *The Rez Sisters* wird die soziale Not einer Großfamilie, zu der sieben beeindruckende Frauen gehören, einer reichlich komischen Verherrlichung ihrer Menschlichkeit untergeordnet; Klagen sind meist nur gedämpft zu vernehmen. Die Reichweite des zeitgenössischen „Native writing" wird ferner an Daniel David Moses' Stück *Almighty Voice* deutlich, der postmodernen, burlesken Nachgestaltung eines durch Gewalttätigkeit gekennzeichneten Abschnittes der traurigen Geschichte der Beziehung zwischen Einheimischen und Weißen in Kanada. Ähnlich wie Moses, nur aus anderen Gründen, spielt John Murrell in seiner proto-feministischen Liebestod-Erzählung, *Farther West,* mit stereotypen Vorstellungen der Geschichte der *Western Frontiers.* Normand Chaurettes *Les Reines,* eine weitere aus der Sicht des Mannes geschriebene Geschichte über Frauen, behandelt die Intrigen und Machtspiele von sechs Königinnen am Hofe Richards III in dem für das heutige Drama in Quebec typischen „imagistischen" Stil. Trotz der Vielzahl an Theaterstücken über diejenigen Gesellschaftsgruppen, die lange Zeit darunter gelitten haben, daß sie an den Rand oder gar außerhalb der Theaterwelt gedrängt wurden - Frauen, Homosexuelle, Natives - mangelt es nicht an Stücken über Männer mit Macht. Die Problematik dieser Verbindung wird in drei Werken deutlich, die ganz unterschiedliche Zugriffe und Stile aufweisen. In Michel Garneaus paradox-poetischer Behandlung der Vermarktung des Militarismus, *Les Guerriers,* verwandelt sich eine Werbeagentur in einen Bunker. George F. Walker, wahrscheinlich der erfolgreichste der englisch-kanadischen Dramatiker, entwickelt in Anlehnung an Nietzsche aus den Taten seines anachronistischen Meisterkriminellen eine Komödie mit dem Titel *Zastrozzi,* übrigens das früheste der in diesem Buch berücksichtigten Stücke (1977). John Mighton kreuzt George F. Walker mit Tom Stoppard, indem er spekulative Naturwissenschaft und „film noir" in seinem „pokerface"-Kriminalstück *Possible Worlds* miteinander vereint. Machtfragen stehen im Mittelpunkt nahezu aller Jugend- und Kinderstücke, einer Spezies von Bühnenstücken, die gerade in den letzten beiden Jahrzehnten sowohl im französisch- als auch im englisch-kanadischen Theater besonders erfolgreich gewesen ist. Jüngeren wie älteren Theaterbesuchern geben die Kinder zu denken, die in Suzanne Lebeaus *Les Petits Pouvoirs* angesichts der durchaus wohlgemeinten Einmischung der Eltern für Unabhängigkeit kämpfen, oder auch jene Kinder, die versuchen, mit den Mühen der Umstellung auf eine neue Sprache und Kultur fertig zu werden, wie in Dennis Foons innovativem, international erfolgreichen *New Canadian Kid.*

Seit langem ist Kanada ein Exporteur von Rohstoffen und ein Importeur von Kultur. In den letzten Jahren hat sich jedoch die Handelsbilanz verschoben, wenn auch nur geringfügig. Kanadische Romanautoren, Filmschauspieler und Popstars sind zu transnationalen Gütern geworden. Obgleich noch kein kanadischer Dramatiker die Statur oder den Ruhm einer Margaret Atwood oder eines Bryan Adams erlangt hat, sprechen doch immer mehr Stücke, die von kanadischen Bühnen stammen, mit einer neuen Stimme ein wachsendes Publikum an. Während sich kanadisches Theater nach wie vor unentwegt mit wechselnden Ansätzen der Frage auseinandersetzt, wer 'wir' sind und wo das 'Hier' ist - in diesem bisweilen frustrierenden und oft verwirrend komplexen Gebilde, das Guillermo Verdecchia „this Noah's Ark of a nation" nennt -, entstehen faszinierende Stücke, die immer häufiger ihren Weg auf die Weltbühne finden. Dieses Handbuch wird sich als sehr nützliche Hilfe für Dramaturgen und Regisseure erweisen, die den neuen Stimmen lauschen und hören wollen, was wir *new kids* zu sagen haben.

Jerry Wasserman
Department of English
University of British Columbia
(Aus dem Englischen übersetzt)

Normand Chaurette; Photo zur Verfügung gestellt von: Leméac; o.J.

Les Reines/The Queens

Normand Chaurette

Erstaufführung (frz.)	18. Januar 1991 *Théâtre d'Aujourd'hui*, Montréal, Québec
Regisseur	André Brassard
Erstaufführung (engl.)	6. November 1992 *Canadian Stage Company*, Toronto, Ontario
Regisseur	Peter Hinton
Besetzung	6 (Frauen)
Bühnenbild	Königspalast in London; 1483
Verlag/Ort/Jahr	**(frz.)** Leméac/Actes Sud-Papiers, Paris 1991 **(engl.)** Coach House Press, Toronto, Ontario 1992
Umfang	ca. 92 Seiten (frz. Ausgabe)
Aufführungsrechte	Camille Goodwin, Montréal, Québec

Die Personen

ANNE DEXTER: Edwards, Georges und Richards Schwester
ANNE WARWICK: zukünftige Königin von England
ISABEL WARWICK: ihre Schwester, Georges Frau
QUEEN MARGARET: frühere Königin von England
QUEEN ELIZABETH: Königin von England, Edwards Frau
DUCHESS OF YORK: Mutter von Anne Dexter, Edward, George und Richard

Inhaltsüberblick

London im Januar 1483. Sechs Frauen kämpfen in einem Klima der Grausamkeit um die Macht in England.
Die Duchess of York ist die Mutter von Anne Dexter, Edward, George und Richard, doch sie erkennt Anne als ihre Tochter nicht an. Ihr Herz hängt an ihrem Lieblingssohn George, der als geistig zurückgeblieben und stumm gilt. Edward, der amtierende König, liegt im Sterben und soll von Richard, dessen Heirat mit Lady Anne Warwick bevorsteht, abgelöst werden - vorausgesetzt, George und die Kinder des Regentenpaares werden zuvor aus dem Weg geräumt.
Queen Elizabeth, die Frau Edwards, lebt in ständiger Angst, ihre Macht und alle damit zusammenhängenden Privilegien zu verlieren. Auf die Nachricht vom Tode ihres Mannes, König Edwards, reagiert sie mit geistiger Verwirrung.
Queen Margaret, die frühere Königin von England, wurde von den „Yorkists" zur Abdankung gezwungen. In tiefer Verbitterung versucht sie, dem verhaßten London den Rücken zu kehren, doch sie kann sich nicht endgültig lösen und kehrt immer wieder zurück.
Anne Warwick nimmt den Heiratsantrag des verkrüppelten Richard nur an, um auf den Thron zu gelangen. Dieser Ehrgeiz ist sogar größer als ihre Angst vor dieser Position.
Die zynische Isabel Warwick, ihre Schwester, ist mit George verheiratet, eine Verbindung, die ebenfalls reinem Machtstreben entsprungen ist. Als Isabel feststellen muß, daß ihr Gatte keineswegs stumm ist, sondern aus Solidarität mit der von der Mutter verleugneten Schwester Anne Dexter schweigt, ist sie schockiert. Als George schließlich von Richard ermordet wird, muß Isabel ihre Hoffnungen auf den Thron begraben.
Anne Dexter ist die einzige der sechs Hauptpersonen, die nicht von dem Gedanken an Thron und Ruhm besessen ist. Nur in Gegenwart der Duchess of York spricht sie, sonst verweigert sie jede Aussage. Ihre Mutter ließ ihr als Kind beide Hände abhacken und verstieß sie. Bis zu diesem Zeitpunkt hatte sie ein sehr enges Verhältnis zu ihrem Bruder George.
Als der Tod Edwards schließlich bestätigt wird, proklamiert sich Anne Warwick - obwohl die Kinder Elizabeths und Edwards allen Gerüchten zum Trotz noch leben - zur Königin von England. Doch zuvor erlaubt sie der Duchess of York, für zehn Sekunden die Krone zu tragen. Nachdem diese sich für kurze Zeit ihren lebenslangen Traum erfüllen konnte, stirbt sie in Zufriedenheit.

Hintergrund und Kommentar

Im Vorwort zur englischsprachigen Textausgabe (Übersetzung: Linda Gaboriau) von *Les Reines* (Toronto: Coach House 1992) schreibt Peter Hinton, der Regisseur der englischsprachigen Erstaufführung am 6. November 1992 in Toronto:

> *Les Reines* ist mehr als eine erneute Untersuchung von Shakespeares *Richard III* oder eine *backstage pastiche* all dessen, was 1483 vor sich ging. Das Stück ist

eine Überarbeitung der Geschichte: Shakespeares Königinnen träumen von sich selbst; es ist eine Vorstellung von unserer Welt im Spiegel der Zeit [...]. Träumen gleich spielt der Text mit unserer Mythologie und unseren Vermutungen und baut fest auf die Imagination trotz aller Ungerechtigkeit. Sind die kleinen Kinder tot oder leben sie noch? Ist Anne Dexter eine wirkliche Person? Wie hat sie ihre Hände verloren? Warum wird George in den Vorratskeller abgeschoben? Diese Fragen, auf die es keinerlei Antworten gibt, die aber viele Möglichkeiten implizieren, sind alle Teil des mysteriösen Geschehens.

Am Ende dieses Vorworts wendet sich Hinton an den potentiellen Zuschauer und bittet ihn/sie: „Lassen Sie sich nicht dazu hinreißen, den Sinn des mysteriösen Geschehens herausarbeiten zu wollen. Lassen Sie das Stück seine Arbeit an Ihnen verrichten, geneigter Fremder; als Lohn dafür wird sich Ihr Leben verändern".
In *Les Reines* spürt Norman Chaurette den Leidenschaften und dem Ehrgeiz von sechs Frauen in Shakespeares Historischen Dramen nach. Die emotional wie politisch determinierte Suche nach Geltung ist allen gemeinsam und zeitlos. „Die Darstellung der Unterhaltungen von Königinnen, so wie sie hinter den verschlossenen Türen des englischen Königreiches ablaufen, ist gewiß eine Meisterleistung", schreibt Kritiker Wladimir Krysinski in *Jey*. Und er fährt fort:

Dies ist die negative Seite königlicher Macht, die traditionell den Männern vorbehalten ist. Chaurettes Dialog [...] ist darauf angelegt, das Wirrwarr von Empfindungen und Verstimmungen sichtbar zu machen; von Konflikten, die gar nicht mehr bestehen, von Erinnerungen, die aber immer noch schmerzen ... Diese Königinnen scheinen Figuren aus einem Wachsfiguren-Kabinett zu sein, das nur selten, wenn überhaupt besucht wird.

Der Text von *Les Reines* ist poetisch, er schickt den Leser auf die Suche, ohne daß diese ein definitives Ende erreicht. Man meint an mehreren Stellen, daß man das Ende erreicht hat, und steht scheinbar oder doch wirklich wieder am Anfang. Darin liegt der besondere Reiz dieses Bühnenstücks. Das Mysteriöse entfaltet sich durch vielseitige Textpassagen mehr und mehr und drückt sich in einfachen Verbindungen aus.
Les Reines ist ein Stück für Schauspielerinnen, das Kreativität herausfordert. Es wurde in verschiedenen kanadischen Theatern, in New York, Florenz, Brüssel und Paris aufgeführt. Der Autor, 1954 in Montréal geboren, schrieb zwischen 1973 und 1983 65 Texte für Radio Canada und regelmäßig für die Theaterzeitschrift *Jey*. Später war er fünf Jahre lang Leiter eines der großen Verlage in Québec (Leméac Éditeur). Aus der Feder von Norman Chaurette stammen sechs Bühnenstücke. Zusammen mit René-Daniel Bouchard hat Chaurette in den achtziger Jahren dem Theater in Québec eine neue Richtung gewiesen, die sich in allgemeinen Themen wie beispielsweise Schöpfung, Tod und Wahnsinn spiegelt und so von nationalistischen Tendenzen wegführt.
An dieser Stelle sei auf die großen Verdienste von Linda Gaboriau hingewiesen. Die in Boston geborene Übersetzerin hat an der McGill University in Montréal studiert, dann zahlreiche Radiosendungen für die CBC und Radio-Canada produziert und moderiert,

sowie Rezensionen für *Gazette* (Montréal) geschrieben. Inzwischen hat sie mehr als 30 Stücke aus dem Französischen übersetzt. Zu ihnen gehören Produkte der bekanntesten Dramatiker aus Québec.

Themen

- Machtstreben und Ehrgeiz
- Träume und Leidenschaften
- Machtstrukturen am Hof
- Private, familiäre Konflikte und Rivalitäten
- Traditionelles und modernes Verständnis der Rolle von Mann und Frau

****

Des farces de reines

Les Reines

Une pièce de Normand Chaurette.
Mise en scène d'André Brassard.
Décor et costumes de Mérédith Caron.
Avec Élise Guilbault (Isabelle Warwick), Andrée Lachapelle (Duchesse d'York), Pol Pelletier (Anne Dexter), Michelle Rossignol (la reine Marguerite), Linda Sorgini (Anne Warwick) et Marthe Turgeon (Elizabeth Woodville). Au Théâtre d'Aujourd'hui.

Robert Lévesque

ON AIMERAIT qu'en guise de bonjour, en quittant le Théâtre d'Aujourd'hui, on nous donne le texte de la pièce de Normand Chaurette. Ce texte-là, le sixième que Chaurette livre au théâtre, est à coup sûr plus riche, plus subtil, plus drôle et moins comique, plus finement drôle, que ce que nous en dévoile André Brassard sur scène. On s'empresserait de le lire, sous nos lampes de chevet, pour en savourer l'étrange voyage.

De la vieille duchesse d'York qui a 99 ans et qui ne se sera jamais assise sur le trône à la jeune Lady Anne qui épousera Richard III pour y monter, Chaurette trace des va-et-vient de passions et d'ambitions entre six femmes extirpées du théâtre de Shakespeare et remises en scène dans l'intemporalité de leurs courses, à toutes reines semblables, viscérales et politiques. Le projet est ambitieux, le texte semble superbe d'après ce que l'on peut deviner à travers le cirque vénal de Brassard.

Cette mise en scène lourde et sans rigueur, baclée, qui tourne le dos à la richesse référentielle du texte de Chaurette, nivèle le texte comme c'est pas possible et le spectacle n'atteint jamais une grâce. C'est peut-être clowwesque mais ça demeure sec, engonce, expédié. On ne peut qu'imaginer ce que pourrait devenir une telle pièce, qui sera sûrement remise en scène un jour, ici ou ailleurs.

En réunissant six des personnages féminins du théâtre de Shakespeare, reines régnantes, sur le bord de régner, ayant régnées, qui ne régneront jamais, Chaurette a comme toujours inséré dans son théâtre une étrange mécanique en délicatesse, nuances, approches lentes et mystérieuses comme ces géologues lisant des fragments d'une lettre d'adieu, comme la société de Métis qui n'a de cesse d'être peinte, comme cet acteur de Provincetown en 1919 qui se réfugie dans la folie après une dissimulation meurtrière vengeresse; théâtre des allusions, dramaturgie métaphysique, d'une richesse littéraire inégalée dans la dramaturgie québécoise.

Comme toujours, et c'est décidément le sort de Chaurette au théâtre, le metteur en scène se derrière cette matière inhabituelle, plus existentielle que conventionnelle, et aucun d'eux n'est arrivé à guider ces matières chaurettiennes dans les sentiers non battus où il avance pièce par pièce, plus écrivain que dramaturge peut-être, et on finira par le croire tant les mises en scène de ses oeuvres n'ont été jusqu'ici que des échecs. Celui de Brassard est l'un des plus lourds.

Il y a dans le texte des *Reines* mille nuances que la mise en scène de Brassard engouffre dans un maelström de sens où ne surnagent que des réflexes-clichés dramatiques, la colère ouverte, la satire féroce, la séduction hypocrite, le cri vengeur, le rire démoniaque, les chocs de niveaux de langage, etc., réflexes derrière ou sous lesquels Chaurette place ses effets plus essentiels, son théâtre. Brassard s'en est tenu à la couche du dessus, il a privilégié la farce à la verve (très présente pourtant dans le texte de Chaurette), et le jeu entendu à la subtilité des sous-entendus. Il a voulu faire avec du Chaurette du Jean Barbeau élisabéthain.

(Devoir, 24.1.1991)

Sally Clark; Photograph: Michael Cooper; Photo zur Verfügung gestellt von: Playwrights
Union of Canada; o.J.

Moo

Sally Clark

Erstaufführung	1988 *NovaPlayRites '88*, Co-Produktion von *Alberta Theatre Projects*, Calgary, Alberta, und *The Belfry Theatre*, Victoria, British Columbia
Regisseur	Glynis Leyshon
Besetzung	17 (10 Frauen, 7 Männer); mögliche Verteilung: 8 Schauspieler (5 Frauen, 3 Männer)
Bühnenbild	Verschiedene Handlungsorte, u.a. Nerven-heilanstalt, Hotelzimmer, Hausfront, Schlafzimmer/Wohnzimmer, tropisches Paradies
Verlag/Ort/Jahr	Playwrights Canada Press, Toronto, Ontario 1984
Umfang	ca. 132 Seiten
Aufführungsrechte	Patricia Ney, Christopher Banks & Associates Inc., Toronto, Ontario

Die Personen

MORAGH MACDOWELL: Moo
HARRY PARKER: Moos Ehemann
SARAH MACDOWELL: Moos älteste Schwester
DITTY MACDOWELL: Moos Schwester
MR. MACDOWELL: Moos Vater
MRS. MACDOWELL: Moos Mutter
MAUDE GORMLEY: Harrys zweite Frau
NURSE/RECEPTIONIST
DOCTOR

DOUGALL: Moos Sohn
PATSY: Harrys dritte Frau
CHARLIE: Sarahs Ehemann
JANE: Sarahs Tochter
SUSAN: Janes Tochter
WALLY: Moos Freund
ORDERLY

Inhaltsüberblick

Moo erzählt die unkonventionelle, leidenschaftliche Geschichte der Liebesbeziehung zwischen Moo MacDowell und dem „rotter" Harry Parker. „Rotters" verführen wohlhabende Frauen, verlassen sie dann und ruinieren so deren Leben. In zahlreichen Rückblenden und Monologen der einzelnen Charaktere erfährt der Zuschauer, daß Moo Harry heiratet, er sie dann in die Psychiatrie einweisen läßt und noch zwei weitere Male heiraten wird. Von seinen Reisen in ferne Länder schickt Harry Moo regelmäßig Postkarten, die sie immer wieder dazu veranlassen, ihm nachzureisen - doch stets ohne Erfolg!

Moos Familie warnt sie davor, Harry weiterhin nachzulaufen, doch diese gibt selbst mit 65 Jahren noch nicht auf. Von dem Wunsch, Harry an sich zu binden, ist sie so besessen, daß sie auf der Suche nach ihm ihre Familie und ihren eigenen Sohn vernachlässigt und schließlich ganz verliert.

Doch auch Harry kann Moo nicht vergessen, sein Handeln wird indirekt durch sie bestimmt.

Als er sie nach Jahren zufällig in einem Krankenhaus trifft, beschließt er, einen Schlußstrich zu ziehen: Er kommt nachts allein zurück und erschießt Moo.

Hintergrund und Kommentar

Moo von Sally Clark wurde erstmals 1988 aufgeführt. Die Titelfigur basiert auf einer geschwätzigen Tante der Autorin, wiewohl das Stück kein biographisches *play* ist. Der Name „Moo" ist eine Kurzform für Moragh McDowell.

Sally Clark war zunächst Malerin, belegte dann später Kurse in *playwrighting* an der York University und sagt heute über sich selbst: „I do paintings for peace; I write plays for excitement." *Jehanne of the Witches* (1989), eine Bearbeitung des Jean d'Arc-Stoffes, *The Trial of Judith K.* (1989), eine Adaptation von Kafkas *Der Prozeß*, und *Life Without Instruction* (1991) sind ihre bekanntesten Bühnenstücke.

Sally Clark erklärte im Zusammenhang mit *Moo*, daß sie besonders an der Gegenüberstellung von Jung und Alt interessiert sei. Mit diesem Stück wolle sie das ganze Leben einer Person umspannen: Was passiert zwischen den Polen Jugend und Alter? Wie verändert das Älterwerden den Menschen? Die Autorin nimmt ihr Publikum mit auf eine Reise - eine zeitliche und eine räumliche: von 1919 bis 1972 - vorwärts und zurück, von Vancouver nach Seattle und in paradiesische Regionen in den Tropen. Die zentralen Figuren sind Moo und - so würde man heute sagen - einer ihrer Lebensabschnittspartner, Harry Parker. Die beiden repräsentieren unterschiedliche Lebenseinstellungen. Sie will mit allem, was sie aufbieten kann, das Leben nutzen und auskosten. Als sie Harry zum ersten Mal sah, wußte sie, daß nichts und niemand sie davon abhalten würde, ihn an sich zu binden. Harry aber ist ein *rotter* (ein nichtsnutziger Kerl), einer jener üblen Typen, die (insbesondere reiche) Frauen ruinieren, wie Sally Clarks Großmutter - unter Hinweis auf verschiedene Fälle - zu berichten wußte. Wenn zu Beginn des Stücks Harry auf Moo geschossen hat, sie dann in eine Nervenheilanstalt einliefert und dort erzählt, er sei Moos Bruder (und nicht ihr Ehemann); wenn er dann verschwindet, ihr Postkarten von kaum bekannten tropischen Inseln schickt, später zwei weitere Frauen ehelicht, dann fragt sich der Zuschauer, was Moo wohl an Harry findet, das sie, nachdem sie aus der Heilanstalt entlassen wurde, veranlaßte, ihm überall hin nachzureisen. Was macht sie so besessen?

Obsession (Besessenheit) ist das Thema von *Moo*, genauer: die nicht zu erklärende Zuneigung, die ein Mensch für einen anderen hegt, ungeachtet der Fehler, die er/sie hat. Harry ist voller Anerkennung für Moos Energie und Zähigkeit, obwohl (oder gerade weil) sie ihm nachstellt. Moo findet sich trotz allem in einer Liebesbeziehung zu ihm wieder. Sie weiß, daß sie nichts erreicht, wenn sie ihm nachstellt, aber sie tut es. Sie ist mehr als das, wofür er sie hält. Sie ist ganz und gar in einen Mann verliebt, der nicht gut zu ihr ist, dessen Handeln letztlich durch sie bestimmt wird.

Moo ist ein Stück über eine dysfunktionale Beziehung, eine tragische Romanze, die ihrerseits streckenweise komische Handlungen und Dialoge auslöst. *Dark comedy, bizarre characters, funny, sad, satirical* - diese Wörter tauchen in den kanadischen Rezensionen über *Moo* immer wieder auf. Sally Clark selbst sagte in einem Gespräch mit dem Kritiker Jon Kaplan im Januar 1989, daß sie zunächst verstört war, als das Vorlesen von Szenen aus *Moo* streckenweise Lachen hervorrief. Aber ihr sei dann klar geworden, wie eine Komödie geschrieben werden müsse: „If you write to be funny, it usually won't work - simply creating jokes doesn't make a play into a comedy. A real comedy has to be written with some seriousness."

In der Tat, Clarks Stück oszilliert zwischen komisch und tragisch. Gelegentlich fühlt man sich an Joe Orton oder auch an Alan Ayckbourn erinnert.

Siebzehn Personen treten in diesem Stück auf - zehn Frauen und sieben Männer. Für die Besetzung genügen acht Schauspieler (fünf Frauen, drei Männer). Die Charaktere um Moo und Harry - Moos Schwestern und Eltern, Harrys zweite und dritte Frau, Ärzte, Krankenschwestern u.a. - spiegeln Facetten der Gesellschaft, in die Moo ganz und gar nicht paßt. Deren Rolle stellt eine große Herausforderung für eine Schauspielerin dar: Sie muß Moo als junge und alte Frau überzeugend verkörpern.

Themen

- Unkonventionelle Liebesbeziehung
- Problematik des Älterwerdens
- Innere und äußere „Reise"
- Unterschiedliche Lebenseinstellungen
- Liebe versus Ablehnung

****

3196 Clark, Sally. **Moo.** Toronto: Playwrights Canada Press, 1989.

The subject of Clark's play is Moragh (the Moo of the title) and her life-long obsession with Harry, one of those "cads, rotters and bounders" to whom the play is dedicated. This black comedy follows Moo from 1919 to the present, as she meets and then is deserted by Harry, endures the pity of her family, and suffers rejection by both her son and her beloved grand-niece. It is the perversity in Moo's character that brings humor to this tale of feminine unconventionality, but it also leads to her tragedy.

Moo's two acts have 47 short scenes, which flow without black-outs or fades, thus smoothing the many quick shifts in time and place. The humor takes several forms in both dialogue and action as Moo's determination to be reunited with Harry becomes more and more obsessive. The main characters, Moo, Harry, and Susan (the grand-niece), intermittently address the audience to temper humor with pathos. But it is the sound and imagery of violence that darken Moo's story. Several times throughout the play, Clark jolts the audience with a man unexpectedly shooting a woman. And Moo expresses her final regrets in bitter terms: "Whenever I see one of those [Chinese watercolor] paintings, with that tiny little bird sitting on the branch, do you know what I want to do? . . . Blast its little brains out!" The end to Moo's futile search for Harry is tragic irony; Harry accidentally meets her in the nursing home where she lives a pitiful and senile existence.

Unfortunately, Clark seems to have created Dougall (Moo and Harry's son) as an afterthought. His sudden late appearance and his relationship with Moo hamper the momentum so well established by the preceding 34 scenes. Generally, though, Clark demonstrates a nimble mastery of the quirky and jagged edge of black comedy.

Cecily M. Barrie

(Canadian Book Review 1991, 242)

Sally Clark, *Moo* (Co-Produktion des *Alberta Theatre Projects* und des *Belfry Theatre*, 1988);
Photograph: Ed Ellis; Photo zur Verfügung gestellt von: Playwrights Canada Press

René-Daniel Dubois; Photo zur Verfügung gestellt von: Leméac; o.J.

Being at Home with Claude (engl. u. frz.)

René-Daniel Dubois

Erstaufführung (frz.)	13. November 1985 *Théâtre de Quat'sous*, Montréal, Québec
Regisseur	Daniel Roussel
Erstaufführung (engl.)	7. April 1987 *Tarragon Theatre*, Toronto, Ontario
Regisseur	Duncan McIntosh
Besetzung	4 Männer
Bühnenbild	Büro eines Richters im Justizpalast von Montréal, Québec; Juli 1967
Verlag/Ort/Jahr	(frz.) Leméac; Ottawa, Ontario 1986 (engl.) Canadian Theatre Review 50/Spring 1987
Umfang	ca. 94 Seiten (frz. Ausgabe)
Aufführungsrechte	J. C. Goodwin, Montréal, Québec

Die Personen

LUI (YVES): Anfang 20; schmal; nervös
L'INSPECTEUR (ROBERT): Ende 30
LE STÉNOGRAPHE (GUY): Assistent des Inspektors; gleiches Alter wie sein Vorgesetzter; starker Raucher
LE POLICIER (LATREILLE): Mitglied des Sicherheitsdienstes beim Justizpalast, hat nicht die geringste Ahnung, was im Büro des Richters Delorme vor sich geht, und es könnte ihm kaum gleichgültiger sein.

Inhaltsüberblick

Das Stück spielt im Büro des Richters Delorme im Justizpalast von Montréal zur Zeit der Expo-Weltausstellung 1967. Dort wird wiederholt und schon seit Stunden ein junger Mann (Lui) von einem Polizeiinspektor (Robert) verhört. Der zeitliche Rahmen der Handlung wird durch die in einer Stunde erwartete Ankunft des Richters Delorme vorgegeben.

Der junge Mann, Yves, hat - wie sich nach und nach herausstellt - Claude, einen Mann „aus besseren Kreisen", umgebracht und sich zwei Tage später freiwillig der Polizei gestellt. Der Polizeiinspektor kennt schon die Begleitumstände der Tat, es fehlt jedoch das Motiv. Verwirrend ist außerdem, daß Yves im Besitz der Schlüssel zu Richter Delormes Büro ist. Er ist nicht bereit, das Büro zu verlassen, bevor er nicht persönlich mit dem Richter gesprochen hat.

Dem Zuschauer werden Teile des Verlaufs der Tat aus Yves' rudimentären Aussagen deutlich: Nach dem Mord bestellte er selbst Polizisten und Reporter zum Büro des Richters. Der Skandal bahnt sich nun ausgerechnet zur Zeit der Expo an, als viele Touristen in der Stadt sind und jedes Aufsehen um Gewalttaten vermieden werden soll. Der Polizeiinspektor ermittelt später Yves' Identität: Yves hat eine Schwester, lebt in einem Slum und arbeitet als Strichjunge am Dominion Square. Die Autopsie der Leiche Claudes hat weiterhin ergeben, daß er während des freiwilligen Geschlechtsverkehrs mit einem Mann ermordet wurde. Claude hatte ein literarisch verschlüsseltes Tagebuch geführt, in dem er seit einem Monat nur noch über Yves schreibt. Claude war 22, alleinlebender Literaturstudent, Separatist; er kam vor zwei Jahren nach Montréal. Von der Erwähnung einer angeblichen Freundin im Tagebuch zeigt sich Yves verblüfft.

Der Ermittler ist in der Zwickmühle. Um einen Skandal während der Expo zu verhindern, hat er Anweisungen, nichts an die Öffentlichkeit dringen zu lassen. Draußen warten jedoch schon die bestellten Reporter. Es erscheinen auch die Freundin des ermordeten Claude, die dessen Homosexualität dementiert, und seine Eltern, die alles vertuschen wollen. Zu alledem ist da der rätselhafte Yves, dessen Geschichte nicht schlüssig ist. Zwischen dem Polizeiinspektor und Yves entwickelt sich allmählich gegenseitiges Vertrauen. Nachdem der Inspektor die Reporter weggeschickt hat, bereitet er die Ankunft des Richters durch die Hintertür vor. Yves ist endlich bereit zu sprechen und hält einen langen Monolog. Er war ernsthaft in Claude verliebt, der seine Gefühle erwiderte und sogar die Arbeit am Dominion Square akzeptierte. Yves fühlte sich erstmals völlig verstanden und respektiert. Die beiden hatten bei allen äußeren Unterschieden das Gefühl, verwandte Seelen zu sein. Ihre gegenseitige Liebe war von einer solch ungewöhnlichen Intensität, daß Yves Claude schließlich mitten im Liebesakt während eines gemeinsamen Orgasmus und in einem Rauschgefühl kompletter geistiger und körperlicher Vereinigung mit einem zufällig herumliegenden Messer die Kehle durchschnitt, um ihn vor allem Übel der Welt zu bewahren. Yves wollte Claude ermöglichen, in einem Moment höchsten Glücks zu sterben. Tötung aus Liebe.

Es wird nicht deutlich, ob Richter Delorme - wie der Text nahelegt - tatsächlich einer jener Kunden Yves' war, die sich nach dem Geschlechtsverkehr ihres Tuns schämen und den Strichjungen wie Dreck behandeln. Sollte der Richter tatsächlich Yves' Freier gewesen sein, würde dies erklären, wie Yves in den Besitz der Büroschlüssel des Richters kommen konnte.

Als der Richter eintrifft, wirft Yves die Schlüssel auf dessen Schreibtisch und verläßt schweigend durch die Nebentür das Büro. Sein weiteres Schicksal und das des Richters bleiben ungeklärt.

Hintergrund und Kommentar

Die Zuschauer werden gleich zu Beginn Zeugen eines seit vielen Stunden andauernden Verhörs. Man erfährt sehr schnell, was geschehen ist. Doch dem Inspektor ist es immer noch nicht gelungen, Yves das Motiv seines Mordes an Claude zu entlocken. Der Inspektor ist wütend, und das Verhör zieht sich über das ganze Stück hin; 90 Minuten beklemmender Intensität und knisternder Spannung. Den fragmentarischen Auskünften des Verhörten steht am Ende dessen zermürbende Beredsamkeit gegenüber, die sich in einem 37-minütigen Monolog entlädt. Zwischen diesen beiden Polen sorgt die physische und psychische Konfrontation der beiden Männer für verwirrende Dramatik. Den anderen Charakteren gelingt es, die beklemmende Spannung wenigstens gelegentlich zu unterbrechen.

Der Inspektor, der zunächst nur seine Funktion wahrnimmt, erweist sich mit zunehmender Dauer als eine vitale Kraft. Sein Mitgefühl und Verstehen löst den Monolog aus, in dem Yves präzise rekonstruiert, was er warum in der verhängnisvollen Nacht getan hat. Er versucht die richtigen Worte zu finden, um die Gefühle zu beschreiben, die ihn überkamen, als Claude ihn bei sich willkommen hieß und das Essen zubereitete. Zum ersten Mal habe er sich „at home" gefühlt; zum ersten Mal in seinem Leben habe er richtig geliebt. Yves erkennt mehr und mehr die Wahrheit, während er versucht, die Erinnerung an seine grauenhafte Tat mit den richtigen Worten zu formulieren. Man gewinnt trotz des schrecklichen Vergehens zunehmend Verständnis für den Mörder.

Being at Home with Claude ist eine Reise in das Dunkel der menschlichen Seele, in das Geflecht von Leidenschaften, die unterhalb des modernen Lebens jeden einzelnen Menschen auf individuelle Weise umtreiben. Es ist ein Stück, das plastisch und mit bisweilen brutaler Offenheit die homosexuelle Unterwelt ausleuchtet.

René-Daniel Dubois hat als zeitlichen Rahmen für sein Stück das Jahr 1967 gewählt. Das Jahr der EXPO, der großen Weltausstellung, die anläßlich der Jahrhundertfeier der Gründung Kanadas in Montréal stattfand und viele Touristen anzog. Das Aufbegehren der separatistischen Bewegung jener Tage hebt *Being at Home with Claude* über die Darstellung verwickelter persönlicher Beziehungen hinaus und verleiht dem *play* eine historische Dimension.

Das Stück , das 1985 in französischer Sprache in Montréal aufgeführt wurde, erlebte seine englischsprachige Erstaufführung (Übersetzung: Linda Gaboriau) am Tarragon Theatre in Toronto im April 1987.
René-Daniel Dubois ist eine bedeutende Stimme im frankophonen Québec.

Themen

– Tabuisierung der Homosexualität in der Gesellschaft
– Schuld und Verantwortung
– Verstehen versus Verurteilen
– Von der Konfrontation zur Kommunikation

****

Powerful gay play a shocking tragedy

By JAIE LAPLANTE
Gazette Staff Writer

Shocking, rivetingly graphic, and brutally intense — Quebec playwright Rene-Daniel Dubois' *Being At Home With Claude* (a Phoenix presentation in the Jubilee Auditorium's Kaasa Theatre until March 27) is not an easy night out at the theatre.

TheatreSCENE

It begins 36 hours into a screaming match between a police inspector (John Wright, from *A Lie of the Mind*) and a homosexual male prostitute (Randy Hughson) who has turned himself in after admitting to slashing his lover's throat.

It is not pretty. Both are moved to the point of hysteria from frustration and fatigue. The prostitute can't understand what more he has to give: he's confessed to the killing over and over again. The police inspector wants to know why. And so begins a dark, horrifying exploration of a private hell — and by some microcosmic reverbrations, an indictment of the ills of society as well.

Director Jim Guedo has built the 90-minute show *(sans intermission)* with frightening and explosive emotional rigor that reaches a crescendo in a final half-hour monologue by Hughson that is both repulsive and grittily powerful.

But contrary to one cast member's assertion in the local media that *Being At Home With Claude* "could have happened between a man and a woman," it is very much a gay play, and it is not easy to watch — especially with such graphic descriptions of the sordid details of the grisly sexual slaying.

But what's more powerful about this play is in the sub-contexts of little man versus bureaucratic authority, victim vs criminal, failed artist vs apathetic society — larger themes that will stir angry responses in anyone who braves the emotionally brutal experience of *Being At Home With Claude.*

If you're up to it, don't miss this production. Firey, white-hot, stridently uncompromising — this isn't a fun time, and it's tragedy at its most horrid potential. Kudos to all involved.

(The St. Albert Gazette, Wed., March 16, 1988, 135)

Dennis Foon; Photo zur Verfügung gestellt von: Playwrights Canada Press; 1988

New Canadian Kid

Dennis Foon

Erstaufführung	September 1981 *Green Thumb Theatre for Young People*, British Columbia und *Calgary International Festival for Young People*, Calgary, Alberta
Regisseur	Jane Howard Baker
Besetzung	4 (1 Frau, 1 Mädchen, 2 Jungen)
Bühnenbild	Verschiedene Handlungsorte, u.a. Klassenzimmer, Spielplatz, Haus und Veranda der Familie des Titelhelden
Verlag/Ort/Jahr	Pulp Press, Vancouver, British Columbia 1989
Umfang	ca. 45 Seiten
Aufführungsrechte	*Green Thumb Theatre for Young People*, Vancouver, British Columbia

Die Personen

MOTHER: eine Frau aus „Homeland"
NICK: ihr Sohn
MENCH: ein kanadisches Mädchen
MUG: ein kanadischer Junge

Inhaltsüberblick

Nick wendet sich an das Publikum und erzählt, daß er soeben mit seiner Familie in Kanada eingewandert ist. Vorher hat er in dem fiktiven „Homeland" gelebt. Er mußte seine Freunde zurücklassen und lernt nun eine Sprache, die ihm völlig fremd ist: Englisch.

In seiner neuen Schule trifft Nick auf die kanadischen Kinder Mench und Mug, deren Gesprächen er nicht folgen kann. Aufgrund dieser Sprachbarriere, aber auch wegen seiner fremdartigen Kleidung, wird Nick so sehr gehänselt, daß er am ersten Tag die Schule noch vor Unterrichtsschluß verläßt. Mit der Zeit jedoch freundet er sich mit Mench an, die - im Gegensatz zu Mug - bereit ist, ihm bei seiner Integration in die neue Umgebung zu helfen und ihm auch ihre Sprache beizubringen. Auch Nicks Mutter hat Schwierigkeiten, sich in der neuen Heimat zurechtzufinden: Nach einem Einkauf im Supermarkt wird sie scheinbar ohne Grund von Kanadiern angeschrien, die mit dem Finger auf sie zeigen.

Im Verlauf des Stücks wird Nick nicht nur von Mench, sondern auch von seinen Mitschülern akzeptiert. Er beginnt, sich allmählich in Kanada wohlzufühlen.

Hintergrund und Kommentar

Auf einer spezifisch kanadischen Ebene behandelt *New Canadian Kid* die Probleme und insbesondere die Isolation von Immigranten, die gerade in Kanada angekommen sind, sich an die ihnen fremde Kultur erst gewöhnen müssen und meist nur wenig Englisch sprechen. Auf einer allgemeinen Ebene werden Rassismus, Toleranz und Multikulturalismus thematisiert. Das 1981 erstmals aufgeführte Stück wurde in einem Workshop an der *Lord Roberts School* in Vancouver entwickelt. „Kinder, insbesondere Kinder von Immigranten, führten Interviews mit sogenannten *new Canadians* durch, die über ihre persönlichen Erfahrungen berichteten," so schreibt Foon in der Einleitung zu der Ausgabe von *New Canadian Kid*, „und das daraus entwickelte Skript war Ausgangspunkt für eine Aufführung des *Drama Club* an der betreffenden Schule." Die Idee, die Kanadier in diesem Stück ein kaum verständliches Kauderwelsch und die Immigranten verständliches Englisch sprechen zu lassen, kam von der Regisseurin Jane Howard Baker.

Foon will mit seinem Stück den Theaterbesuchern Möglichkeiten der Identifikation mit den Menschen verdeutlichen, die als freiwillige Immigranten, als Flüchtlinge oder Asylanten in ein ihnen unbekanntes Land kommen und mit Kultur, Lebensweise und Sprache dieses Landes erhebliche Probleme haben. Da die Figuren auf der Bühne, mit denen die Zuschauer vertraut sind und mit denen sie sich zunächst identifizieren, die Kanadier nämlich, eine kaum verständliche Sprache sprechen, wird zunehmend Verständnis für die besondere Situation der Immigranten entwickelt. Der „Neuling" Nick, der in diesem Stück Englisch zu sprechen lernt, weiß nicht, wie er mit seiner Unsicherheit angesichts der neuen Kultur und der für ihn unverständlichen Sprache fertig werden soll. Seine Mitschüler machen sich über ihn lustig, weil er anders ist als sie. Das Publikum vernimmt die Gedanken des Neu-Kanadiers und wird gleichzeitig mit sprachlichen Äußerungen konfrontiert, die es genauso wenig versteht wie Nick.

Foon geht es um die Situation, mit der sich Immigranten - wo auch immer - konfrontiert sehen. Nick kommt nicht aus einem ganz bestimmten, sondern aus einem imaginären Land, das „Homeland" heißt. Äußerlich sollen die Mutter und ihr Sohn aus „Homeland" den Kanadiern fremd erscheinen, doch ihre Kleidung darf keinerlei Identifikation mit einem bestimmten Land zulassen. Foon selbst empfiehlt, Nick solle Konfektionskleidung in unterschiedlichen Nuancen von Grün tragen, die Kanadier Kleidungsstücke in anderen Farben, die dann später, wenn Nick sich in Kanada mehr zu Hause fühlt, Bestandteile der Farbmuster seiner Kleidung werden könnten.

Die universale „Botschaft" macht *New Canadian Kid* zu einem auch für deutschsprachige Bühnen empfehlenswerten Stück. Es ist bereits in England, Dänemark, Schweden, Hongkong, Singapur, Australien, Neuseeland und in den USA aufgeführt worden. Hierzulande könnte Nick beispielsweise ein türkischer oder russischer Junge sein, der erst seit kurzer Zeit in Deutschland lebt oder gerade erst eingereist ist und sich die deutsche Sprache aneignet. Mench und Mug dagegen sind deutsche Jugendliche, die eine den meisten Zuschauern unvertraute regionale oder soziale Variante des Deutschen sprechen. Daß Foon sein Stück nicht nur für ein kanadisches Publikum geschrieben hat, wird auch daran deutlich, daß das 1981 unter dem Titel *New Canadian Kid* aufgeführte Stück später in *New Kid* umbenannt wurde.

Über eine Million Schulkinder haben dieses Stück mit Begeisterung aufgenommen. Nick ist ihr Sprachrohr. Durch ihn können sie ihre Ansichten, auch ihre Einstellung zu Erwachsenen, insbesondere zu ihren Eltern, artikulieren. Nick ist aber auch der ausländische Mitschüler neben ihnen, der in einer ihm unvertrauten kulturellen und sozialen Umgebung nach seiner Identität sucht. *New Canadian Kid* könnte zu einem erfolgreichen Stück auch in deutschsprachigen Kinder- und Jugendtheatern werden.

Dennis Foon lebt in Vancouver. Er ist Kanadas prominentester Autor von Bühnenstücken für jugendliche Theaterbesucher. Für *Invisible Kids* erhielt er den *British Theatre Award* und für *Skin* den *Chalmers Award*. Er ist auch als Regisseur weithin bekannt und hat das *Green Thumb Theatre* in Vancouver begründet. Theater in Deutschland mag es besonders interessieren, daß er zwei Stücke des Berliner *Grips Theaters* adaptiert hat: *Trummi Kaput* und *Bedtimes and Bullies*.

Themen

- Isolation von Immigranten in der Gesellschaft
- Sprachprobleme und Kulturschock
- Multikulturalismus
- Rassismus und Fremdenhaß
- Beziehungen zwischen Erwachsenen und Jugendlichen

****

3201 Foon, Dennis. **New Canadian Kid / Invisible Kids.** Vancouver: Pulp Press Book Publishers, 1989.

These two short plays for children deal with the themes of racism and the immigrant experience, and are written at a level children can understand and in language to which they can relate. The author, Dennis Foon, is an award-winning playwright and stage director, and co-founder of Vancouver's Green Thumb Theatre for Young People. In *New Canadian Kid*, Foon makes clever use of gibberish (as our native tongue) and English (as the foreign language) to illustrate graphically the difficulties and sense of isolation of non-English-speaking immigrants, as he traces the experience of a young boy adjusting to life and school in a new land. *Invisible Kids* concerns a group of children from different ethnic backgrounds who decide to join forces to combat the inequities of Canada's immigration policy when government quotas prevent the sister of one from moving to Canada. The plays advocate tolerance, humanity, hope, and optimism, and are recommended for introducing some important issues to elementary-school-age children in an entertaining fashion.

Susan Patrick

(Canadian Book Review 1991, 244)

Brad Frazer; Photo zur Verfügung gestellt von: Playwrights Canada Press; 1989

Unidentified Human Remains and the True Nature of Love

Brad Fraser

Erstaufführung	1989 *PlayRites '89 New Play Festival*, Produktion von *Alberta Theatre Projects*, Calgary, Alberta
Regisseur	Bob White
Besetzung	7 (3 Frauen, 4 Männer)
Bühnenbild	Verschiedene Handlungsorte in Edmonton, Alberta, u.a. Apartment, Bar, Restaurant
Verlag/Ort/Jahr	Blizzard Publishing, Winnipeg, Manitoba 1990
Umfang	ca. 95 Seiten
Aufführungsrechte	Shain Jaffe, Great North Artists Management Inc., Toronto, Ontario

Die Personen

DAVID
CANDY
BERNIE
KANE
ROBERT
JERRI
BENITA

Inhaltsüberblick

Das Stück thematisiert die Beziehungslosigkeit von Menschen vor dem Hintergrund modernen Lebens in der kanadischen Großstadt Edmonton. Candy sucht nach Liebe, kann aber weder zu dem verheirateten Robert noch zu der lesbischen Jerri eine Beziehung aufbauen. David glaubt nicht an die Liebe. Benita bietet Perversen die Möglichkeit, ihre Vorlieben auszuleben und analysiert ihre Freunde mit Hilfe ihrer telepathischen Fähigkeiten. Kane ist von dem homosexuellen David fasziniert und kommt nicht von ihm los, obwohl er selbst gar nicht homosexuell ist, und Bernie betrügt seine Frau.

In Brad Frazers Einakter gibt es keine Einteilung in Szenen. Die Geschehnisse sind miteinander verwoben, Dialoge laufen zeitgleich ab, eine durchgehende Handlung gibt es nur ansatzweise. Die Personen bewegen sich orientierungslos durch die „verwundete Stadt" (so Bernie), jeder ist für sich auf der Suche nach einem Halt. Gewalt ist allgegenwärtig: in der Sprache der Charaktere, in Benitas Vorliebe für gruselige Mordgeschichten und in der Person eines Serienmörders, der in Edmonton junge Frauen abschlachtet. Am Ende stellt sich heraus, daß es sich dabei um Bernie handelt. David erwägt, ihn mit einem Gewehr zu erschießen, bringt es aber dann doch nicht fertig, seinen besten Freund zu töten und läßt diesen mit dem Gewehr allein. Als Bernie erkennt, daß sogar David, der immer zu ihm gestanden hatte, ihn verläßt und bereit ist, ihn der Polizei zu übergeben, erschießt er sich selbst.

Bernies Tod und die furchtbare Wahrheit über ihn verstören David zutiefst. Er zieht sich zurück, spricht und ißt kaum noch und starrt stundenlang vor sich hin. Aber er ist nicht allein: Candy und Kane sind bei ihm, andere Freunde rufen an, und ganz langsam beginnt David, sich zu öffnen und Vertrauen zu fassen. Der letzte Satz des Stückes - ausgesprochen von Benita - lautet: „Ich liebe euch". Er drückt aus, daß es trotz der düsteren und manchmal sogar bedrohlichen Atmosphäre einen Hoffnungsschimmer, wenn auch kein glückliches Ende gibt.

Hintergrund und Kommentar

Der zweigeteilte umständlich klingende Titel *Unidentified Human Remains and the True Nature of Love* ist eher eine Frage denn eine Aussage: Was ist in unseren Tagen noch an Menschlichkeit zu entdecken, was ist von ihr übriggeblieben? Wo gibt es überhaupt noch wahre Liebe im Miteinander der Menschen?

Brad Frasers *play* ist einerseits eine zornige Auseinandersetzung mit verkommenen menschlichen Beziehungen (man denkt an John Osbornes *Look Back in Anger*), andererseits eine schonungslos offene, aber auch mitfühlende Darstellung des Lebens homo- und heterosexueller Jugendlicher in den achtziger Jahren.

Brad Fraser wuchs in einem hartgesottenem Arbeiterviertel in Edmonton auf (der Vater arbeitete bei einer Straßenbaufirma). Er hatte die schlimmste Kindheit, die man sich vorstellen kann. Von seinem Vater wurde er - wie die anderen Mitglieder der Familie -

terrorisiert und erniedrigt, von einem Vetter sexuell mißbraucht. Er ist bisexuell und hat sich als solcher selbst „geoutet".

Hintergrund der Entstehung von *Unidentified Human Remains and the True Nature of Love* ist auch die brutale Ermordung einer jungen Frau, Brenda McLenaghan, in Edmonton im Jahre 1986, die man mit einer langen Schnur an einen Baum angebunden auffand. Diese Schandtat löst noch heute bei den Einwohnern Schrecken aus und veranlaßt zu höchster Wachsamkeit.

Kaum ein Bühnenstück hat in den vergangenen Jahren in Kanada derart Furore gemacht und erregte Diskussionen wie auch zwiespältige Reaktionen bei den Rezensenten ausgelöst wie Frasers Stück. Die einen nennen es ein „urban drama" über Sex, Liebe, Tod und Gewalt in den neunziger Jahren, bei anderen erregen einige Szenen fehlgeleiteter Sexualität Abscheu und Ekel. Für wiederum andere ist es eine Geschichte von (vor allem jungen) Menschen unserer Tage, die Kontakt mit anderen Menschen suchen, aber nicht finden.

Unidentified Human Remains and the True Nature of Love ist ein provokatives Stück, das dem Publikum viel zumutet, weil es knallhart eine sinnentleerte und gewalttätige Welt porträtiert, in der sieben junge Leute von einem Serienkiller terrorisiert werden. Sie sind hilflos auf der Suche nach etwas, das ihrem Leben Sinn geben kann. Mit Terror und Mord haben sie keine Probleme, aber in ihren (Liebes-)Beziehungen sind sie orientierungslos und auf einem seelischen Tiefstand. Romantische Liebe halten sie für das Relikt einer bourgeoisen Gesellschaft. *One-night stands*, Drogen, Bier, Punk und drahtlose Telefone bestimmen ihr Leben. Sie sind nicht mehr fähig, Liebe zu entdecken.

Brad Fraser ist es mit *Unidentified Human Remains and the True Nature of Love* gelungen, Jugendliche, die bisher kaum ein Theater betreten haben, in Scharen für sein Stück zu begeistern. Man mag ihm vorwerfen, daß er durch die Porträtierung seines zynischen und hedonistischen Protagonisten das Bedürfnis nach Sensation bei den Theaterbesuchern raffiniert ausgenutzt, spöttelnd Gelüste verschiedener Art herausgekitzelt und mit einer entsprechenden Sprache besonders einem jugendlichen Publikum Identifikationsangebote gemacht hat. Fest steht jedenfalls, daß Fraser die Sprache seiner Generation spricht und durch die Vermeidung einer Unterteilung in Szenen, durch synchron ablaufende Dialoge und filmische Szenen den Geschmack seines Publikums getroffen hat. Die cinematische Konstruktion des Stücks legte dann auch eine Verfilmung von *Unidentified Human Remains and the True Nature of Love* nahe, für die Fraser selbst das Drehbuch schrieb. Regisseur des Films ist Denys Arcand, der bereits durch Filme wie *Jesus of Montréal* und *The Decline of the American Empire* von sich reden machte. Das Bühnenstück wurde inzwischen auch in Großbritannien aufgeführt. *Unidentified Human Remains and the True Nature of Love* ist ein Spiegel kontemporärer Verhaltensweisen, teils eine Art Romanze, teils Horror Story, ein Stück, das unterschwellig auch erkennen läßt, daß die Art und Weise, wie Menschen oft miteinander umgehen, nicht selten an seelische Gewalttaten grenzt. Die auf dem Anrufbeantworter gesprochenen Nachrichten sind oft kommunikativer als die Menschen, wenn sie sich begegnen. Mit *Unidentified Human Remains and the True Nature of Love* ist Fraser der Durchbruch gelungen, der, wie Julia Nunes in *The Globe and Mail* formulierte, „es ihm ermöglichte, seine persönlichen Dämonen und den Konservativismus des kommerziellen Theaters zu besiegen".

Themen

- Sinnentleerte moderne Welt
- Orientierungsversuche des Einzelnen im modernen Großstadtleben
- Entfremdung im Dschungel der Großstadt
- Liebe versus Gewalt
- Perversion und exzessive Sexualität

****

By LOUIS B. HOBSON
Calgary Sun

Deep down, playwright **Brad Fraser** is a romantic. He's also a shrewd businessman.

He knows that in this day of AIDS, gay love stories are a difficult commodity to market, so he has disguised his *Unidentified Human Remains And The True Nature Of Love* as a slash-and-gash bedroom romp.

A serial-killer loose in Edmonton is butchering young women. He could be any one of the men in Kane Sawatsky's (**Jeffrey Hirschfield**) life.

He could be the womanizing Bernie (**Peter Smith**), the sexually enigmatic 18-year-old David (**John Moffat**) or Robert, the uptight spa bartender (**David LeReaney**) who's dating Kane's roommate (**Ellen-Ray Hennessy**).

But it's difficult for Kane to concentrate on solving the mystery. He's fighting off his desire to bed David and revelling in Candy's dilemma to choose between Robert or a lesbian at the spa (**Wendy Noel**). Fortunately, he has a nymphomaniac psychic (**Kate Newby**) he can consult.

It all reads like a year on *The Young And The Restless*, but in the hands of directors **Susan Ferley** and **Bob White**, *Remains* zings with comic gusto and tender insights.

The production has such momentum and such theatrical intensity that it sweeps you along, making you share in the laughs and even experience a bit of the pain.

Fraser juggles language with amazing skill. The jokes effortlessly spin off each other, then break away for some deadly insights. He is unquestionably as astute an observer as he is a skilled technician of word play.

Like Britain's shock master, **Joe Orton**, Fraser loves to taunt, titilate and disturb.

Most of the nudity in *Remains* — though tastefully handled — is gratuitous as are some of the more nauseating and sensational speeches, but nothing is offensive.

The acting — without exception — is confident, polished and precise. It is also subtle and sensitive when it has to be and flamboyant when it serves the dialogue.

Smith is compelling as the pained and manic Bernie.

Moffat radiates naivety and Hirschfield is focused, dynamic and powerful.

(Calgary Sun, Thursday, January 12, 1989, 36)

David French; Photo zur Verfügung gestellt von: Great North Artists Management Inc.; o.J.

Jitters

David French

Erstaufführung	16. Februar 1979 *Tarragon Theatre*, Toronto, Ontario
Regisseur	Bill Glassco
Besetzung	9 (3 Frauen, 6 Männer)
Bühnenbild	Verschiedene Handlungsorte, u.a.Gutbürgerliches Wohnzimmer, Ankleidezimmer
Verlag/Ort/Jahr	Talonbooks, Vancouver, British Columbia 1980
Umfang	ca. 140 Seiten
Aufführungsrechte	Shain Jaffe, Great North Artists Management Inc., Toronto, Ontario

Die Personen

PATRICK FLANAGAN: 50 Jahre alt
JESSICA LOGAN: 50 Jahre alt
PHIL MASTORAKIS: 44 Jahre alt
GEORGE ELLSWORTH: 30 Jahre alt
ROBERT ROSS: 26 Jahre alt
TOM KENT: 22 Jahre alt
NICK: 28 Jahre alt
SUSI: 23 Jahre alt
PEGGY: 20 Jahre alt

Inhaltsüberblick

Jitters ist ein „Stück im Stück". Eine Theatertruppe steht kurz vor der Premiere der Komödie *The Care and Treatment of Roses*. Alle sind sehr nervös, und es kommt zu mehreren Streitereien, die letztlich ein Ventil zur Bewältigung der Nervosität sind. Grund für weiteren Zank und für gesteigerte Angstgefühle ist ein gewisser Mr. Feldman aus New York, ein bedeutender Produzent, der seinen Besuch für die Premiere angekündigt hat. Alle Schauspieler hoffen, von ihm entdeckt zu werden. Am Tag der Premiere hat das Lampenfieber seinen Höhepunkt erreicht, zumal es an diesem Abend auch noch zu außergewöhnlichen Zwischenfällen kommt. Da erscheint Phil ziemlich spät im Theater und hat ein blaues Auge, das er sich bei einer Schlägerei zugezogen hat. Tom kommt ebenfalls viel zu spät und ist obendrein auch noch betrunken. So verzögert sich der Beginn der Aufführung, weil man versucht, Tom halbwegs auszunüchtern. Am Ende jedoch ist die Inszenierung für fast alle ein Erfolg. Die Presse lobt das dargebotene Stück, die Regie und die Schauspieler in den höchsten Tönen - mit Ausnahme von Jessica, die von den Kritikern verrissen wird. In der Hoffnung, von Feldmann entdeckt zu werden, hatten sich alle Schauspieler ganz besonders bemüht, was die Presse bei Jessica allerdings sehr negativ und gekünstelt findet. Jessica denkt für eine Weile daran, mit dem Theaterspielen ganz aufzuhören. Alle anderen sind sehr zufrieden. Dann aber teilt ihnen George, der Regisseur, mit, daß Feldman wegen Verspätung seines Flugzeugs die Premiere gar nicht besucht hat und aufgrund von Schwierigkeiten in New York auch für den Abend nach der Premiere absagen müsse. Diese Ankündigung löst auch bei den anderen Schauspielern, die ihre ganze Hoffnung auf eine Entdeckung durch Feldman gesetzt hatten, tiefe Enttäuschung aus.

Hintergrund und Kommentar

Jitters ist eine „*comedy-of-the-stage*". Wenn sich der Vorhang hebt, ist bereits eine Aufführung im Gange, ein „Stück im Stück", das als Aufhänger für die überaus amüsanten Probeszenen und die privaten Techtelmechtel der Schauspielerinnen und Schauspieler hinter den Kulissen dient. Mehrdeutig witzige Situationen entstehen, wenn die Akteure auf der Vorderbühne in die ihnen zugedachten Rollen schlüpfen.

Die Komödie reiht sich in die Gruppe von Stücken ein, mit denen man hierzulande besser vertraut ist, wie beispielsweise die drei Jahre nach *Jitters* geschriebene überaus erfolgreiche Farce *Noises Off* (1982) des englischen Dramatikers Michael Frayn, die bei uns unter dem Titel *Der reinste* (oder auch: *nackte*) *Wahnsinn* bekannt ist. Ein amerikanisches Gegenstück ist *A Life in the Theatre*, das der amerikanische Erfolgsautor David Mamet in der Mitte der siebziger Jahre geschrieben hat. In diesem Zusammenhang ist schließlich auch Peter Shaffers *Black Comedy* (*Komödie im Dunkeln*) zu nennen.

In all diesen Stücken ist das Geschehen auf und hinter der Bühne Gegenstand der Darstellung. *Jitters* ist darüber hinaus eine Satire auf spezifisch kanadische Verhaltensweisen und Einstellungen. Die Komödie markiert eine wichtige Phase in der Entwicklung des modernen kanadischen Theaters. Sie macht die Anstrengungen deutlich, die kanadische Theaterleute in den siebziger Jahren auf sich nahmen, um sich vom *Broadway* und Londoner *West End* zu emanzipieren. Sie zeigt aber auch, daß die kanadische Theaterszene inzwischen über sich selbst lachen konnte. David French kommentierte 1984 seine eigenen Vorstellungen von *Jitters* mit den folgenden Worten: „Das Stück hat mit Lampenfieber *(jitters)*, mit Furcht, Versagen und Erfolg zu tun, [...] doch die Figuren sind in der kanadischen Wirklichkeit verwurzelt. [...] Ich kritisiere spezifisch kanadische Einstellungen [damals zu Beginn der achtziger Jahre (A.R.G.)], wie beispielsweise das Verlangen, zunächst und vor allem in New York anerkannt zu werden, weil man ohne eine solche Anerkennung nichts zählt, weil man meint, ohne den Stempel der USA nicht weiterkommen zu können."

Bühnenstücke über das Theater selbst und über das Theater als Spiegel des Lebens - davon gibt es viele. Das Besondere an *Jitters* ist, daß David French die bekannte *comedy-of-the-stage* neu belebt hat, indem er ihr kanadischen Atem einhauchte. Nicht zuletzt deshalb empfiehlt sich das Stück für Aufführungen auch in deutschsprachigen Theatern. Mit den Mitteln der Komödie gewährt es Einblicke in kanadische Denk- und Verhaltensweisen.

Themen

– Metadrama mit Blick hinter die Kulissen der Theaterwelt
– Amerikanisches Theater als Maßstab für Kanada (70er Jahre)
– Suche nach Erfolg und Anerkennung
– Theater als Medium und Gegenstand der Darstellung (vgl. Peter Shaffer, *Black Comedy*; Michael Frayn, *Noises Off*)

****

Jitters by David French. Playwrights' Co-op. 95 pp., $3.50.

David French has moved away from agitated middle-class Canadian families into the comic world of agitated Canadian theatrical ''families'' where paranoia about failure produces a rich, sparkling satire. Neil Simon, no doubt, could have whipped up a more colorful, bitter-sweet *soufflé* of comic jealousies and thwarted plans; Alan Ayckbourn could have created a peach melba out of the intertwined relationships; Tom Stoppard could have made a rich English trifle out of plummy *bons mots;* but David French's comedy is satisfying dessert with its smoothly whipped-up farce and creamy topping to the serious layers of truth between the wickedly swirled irony.

The structure, characters, and situations are not always true, even if they have been tried — and. believe me, they have been. But theatre is an old game that French is playing for laughs, and his wicked charm lies precisely in his manner of playing the old game. *Jitters* opens with a play-within-a-play, but it soon becomes obvious that this is simply a mold for French's satire. Jessica Logan and Patrick Flanagan are the feuding ''stars'' of a new play about to open in Toronto, but they spend more time bickering than they do rehearsing. Act I, in fact, obtains its comic pace and intensity from the internecine warfare among cast and crew. The characters are, of course, clichés, but since this is a comedy of humors, that's fine. For Patrick, arrogance is mother's milk; for Jessica, there is nothing but ''star'' quality — her own. Caught between these two egos are two others — one, of an actor terribly embarrassed about being considered an artist in Canada, of all places; and the other, of a neophyte actor who has to be fed his lines the way a seal is thrown dead fish. While the harassed director tries to keep peace and complete the dress rehearsal, the stage manager quotes the Equity rulebook with supercilious irony, and the poor playwright is treated with benign indifference.

Act II occurs in the dressing-room and green-room, and protracts the madness and paranoia. French exploits the

vanities and foibles of theatre figures, and shows, in the bargain, that his satire is as much about artistic success and failure in Canada as it is about theatrical manners in general. *Jitters* isn't simply about the neuroses created by the production of a new play; it's also about what it means to find artistic approval in a country where, as one of the characters puts it, success is ''like stepping out of line.''

Everything that could possibly threaten a show with failure happens. The actors get the jitters over their props or stage business or costumes. They get the jitters over the audience and critics. They even get the jitters about finding approval from a Broadway producer who is supposed to be on his way to Toronto. One of the actors shows up dead drunk on the opening night; another gets locked in a washroom just before his cue; the director's wife has a serious accident away from the theatre; and the New York producer gets delayed at the airport and misses the show.

It is one of the expedient rules of farce that the improbable is irrepressible, so in Act III what should be written off as a ''disaster'' turns into an unexpected success as the newspaper critic on everybody's mind passes a highly favorable verdict on the show, reserving a few criticisms mainly for Jessica, the ''star'' with Broadway on her mind. There's little bitchier than an actress scorned — unless it's a panned actor — so the comic tension never lets up. Jessica spews her black bile over all and sundry, and particularly on the offending critic. (Here French gets in a good dig at the shallow platitudes and clichés of Canadian critics who seldom know what's happening on stage, let alone backstage.) She goes on a rampage that is really a camouflage of her own vulnerability, but, in true melodramatic fashion, she does a complete circle and after threatening to resign, goes on with the show. All's well that ends ill, and we end with more bickering and fewer expectations of Broadway's blessings. The actors realize their unique situation. They are in Canada, and where else could they find critical and audience favor and still be insecure and undiscovered?

French achieves a rare combination of froth and substance, and while there is a diffuse quality in his writing, the fact remains that the chief emphasis is on artistic paranoia. The characters are colorful stock figures; the situations, often improbable but farcical delights; and the dialogue gives Canadian comedy a credibility it too often lacks.

—K.G.

David French, *Jitters* (Produktion des *Tarragon Theatre*, 1979); Photo zur Verfügung gestellt von: Tarragon Theatre

Michel Garneau; Photograph: Robert Laliberté; Photo zur Verfügung gestellt von; Centre des auteurs dramatique (cead); o.J.

Les Guerriers/Warriors

Michel Garneau

Erstaufführung (frz.)	6. April 1989 *L'Atelier du Centre National des Arts*, Ottawa, Ontario; Co-Produktion des *Théâtre d'Aujourd'hui* und des *Théâtre Français du Centre National des Arts*
Regisseur	Guy Beausoleil
Erstaufführung (engl.)	25. Januar 1990 *Martha Cohen Theatre*, Calgary, Alberta; Co-Produktion von *Alberta Theatre Projects*, Calgary, Alberta *(playRites '90 Festival)* und *Belfry Theatre*, Victoria, British Columbia
Regisseur	Glynis Leyshon
Besetzung	2 (Männer)
Bühnenbild	Hochtechnisiertes Büro einer Werbeagentur
Verlag/Ort/Jahr	(frz.) VLB Editeur, Montréal, Québec 1989 (engl.) Talonbooks, Vancouver, British Columbia 1990
Umfang	ca. 100 Seiten (engl. Ausgabe)
Aufführungsrechte	Des Landes, Dickinson et Associés, Montréal, Québec

Die Personen

GILLES
PAUL

Inhaltsüberblick

Ende der achtziger Jahre arbeiten Werbetexter Gilles und sein Vorgesetzter Paul in einem modernen Werbeatelier unter großem Zeitdruck an einer lukrativen Werbekampagne für die kanadische Armee.

Die kurzfristige Auftragsarbeit muß nach neun Tagen abgeliefert werden, und Paul hat sich bereits mit reichlich Material und Literatur zum Thema Krieg eingedeckt. Gilles steht dem Projekt zwar im Grundsatz ablehnend gegenüber, hat sich aber mit dem Versprechen auf zwei Jahre bezahlten Urlaub ködern lassen. Die Notwendigkeit, die Armee positiv darstellen zu müssen, zwingt beide zu einer Auseinandersetzung mit dem Thema „Krieg" und „Militär".

Für die Dauer ihrer Arbeit haben sie sich in ihrem Studio abgeschottet und jegliche Störung von außen ausgeschlossen, indem sie sich u.a. ausreichend mit Proviant versorgt und sogar das Telefonkabel herausgezogen haben. Alkohol und Kokain dienen ihnen als Aufputschmittel.

Gilles informiert sich intensiv anhand der bereitliegenden Bücher über das Thema Krieg. Immer wieder wird er von stechenden Schmerzen in der Brust geplagt - offenbar erste Anzeichen eines drohenden Herzinfarktes. Er steht der gesamten schnellebigen und oberflächlichen Werbeszene sehr kritisch gegenüber, doch der Ausstieg gelingt ihm nicht. Als am dritten Tag noch immer die zündende Idee für eine Kampagne fehlt, kommt es zwischen Gilles und Paul zu einem verbalen Schlagabtausch, so daß die beiden quasi selbst zu „Kriegern" - mit Worten als Waffe - werden. Gilles erweist sich als schneller und erfindungsreicher als Paul, der das Vorhaben, einen Slogan zu suchen, ohnehin ablehnt. Naturgemäß kommen den beiden beim Stichwort „Krieg" ausschließlich grauenhafte und abschreckende Assoziationen in den Sinn. Wieder wird Gilles von Schmerzen heimgesucht, leugnet aber, daß er ernsthaft krank ist.

Zwischen den beiden steigern sich Aggressivität und Provokation, da sie sich gegenseitig vorwerfen, das heikle Thema falsch anzugehen. Die explosive Atmosphäre entlädt sich schließlich in einem körperlich ausgetragenen Kampf.

Am folgenden Tag analysieren die beiden die Natur ihrer Beziehung und diskutieren, wer hier wen manipulieren wolle. Sie kommen überein, daß sie einander gegenseitig brauchen. Danach, am sechsten Tag, finden die Überlegungen der beiden endlich eine Richtung, indem sie auf den Gedanken kommen, naive und unverdorbene Kinder zur Zielgruppe ihrer Kampagne zu machen, da nur diese in der Lage seien, kritiklos an Ideologien zu glauben. Eine weitere Nuance der Kampagne soll aus zweckdienlichen Gründen religiöser Natur sein.

Die ohnehin schon aufgeheizte Stimmung wird durch Scotch und Kokain weiter aufgeputscht. Es fehlt noch immer ein griffiger Slogan. Von dieser Atmosphäre beeinflußt gesteht Paul, daß er in einem völligen Gefühlsvakuum lebe und ihm seine Umwelt absolut gleichgültig sei. Die beiden Texter drehen sich gedanklich im Kreis und finden keine Lösung, obwohl der Abgabetermin bedrohlich näher rückt.

Am achten Tag schließlich entwickelt Gilles den nüchternen Gedanken, daß die Armee „in the yellow pages" stehe wie jede x-beliebige andere Firma auch, doch Paul lehnt dies als Slogan ab.

Am neunten und letzten Tag halten sich die beiden wiederum nur mit Drogen bei Laune. Paul berichtet unvermittelt, daß sein Vater im Krieg starb, als Paul noch ein Baby war. Er hatte sich wenig heldenhaft mit einer eigenen Granate in die Luft gejagt. Gilles' Vaters einziger Beitrag zum Krieg war, daß er gegen Kriegsende Panzerteile zusammennietete. Die beiden Werber spenden jedoch bei ihrer Auseinandersetzung mit der Vergangenheit einander keinen Trost.

Als Gilles, der sich ausgelaugt fühlt, ankündigt, er werde aufhören, ohne die Arbeit zu beenden, wird er von Paul mit einem Revolver bedroht, was Gilles jedoch unbeeindruckt läßt. Paul läßt den Revolver sinken. Gilles bestätigt in dem sich anschließenden Gespräch, daß beider Ehefrauen miteinander ins Bett gehen. Paul ist nun bereit, Gilles gehenzulassen, doch Gilles' Idee mit den Gelben Seiten werde er verwenden. In diesem Moment hat Gilles eine heftige Herzattacke und reißt Paul zu Boden. Dem sterbenden Gilles bestätigt Paul, daß er dessen Slogan „We're in the yellow pages" tatsächlich verwenden wird. Für Gilles kommt dieser Sieg - auch über Paul - zu spät - er stirbt in Pauls Beisein.

Hintergrund und Kommentar

Les Guerriers (*Warriors*, in der englischen Übersetzung von Linda Gaboriau) führt das Publikum in die Welt der Werbung, in der alles, sogar der Krieg, als Ware angepriesen wird. Es handelt sich hier um ein Zweipersonenstück. Gilles ist ein Werbetexter, Paul sein Manager. Beide sind Werbespezialisten einer Agentur. Paul hat einen Riesenauftrag von der kanadischen Armee an Land gezogen unter der Bedingung, daß er den Verantwortlichen bereits nach einer Woche ein Konzept vorlegt. Mit der Aussicht auf zwei Jahre Urlaub bei vollem Gehalt erklärt sich der zunächst widerwillige Gilles schließlich zur Übernahme des Auftrags bereit. Es geht um einen *slogan* für die kanadische Armee, der den bisherigen (*Si la vie vous intéresse*) ersetzen und die Idee verkaufen soll, daß Krieg jungen Leuten gut tut. Gilles ist das kreative Element in der Partnerschaft, er ist der Ideengeber. Paul ist der Geschäftsmann, ein Opportunist, bar jeden Gefühls, der Antreiber, der Gilles mit Chivas Regal und Kokain in Form und auf Trab zu bringen versucht. Beide stehen unter Erfolgszwang. Zehn Tage bleiben ihnen für die Erledigung des Auftrags. In neun Szenen (Day One bis Day Nine) werden von jedem der neun Tage jeweils nur die entscheidenden Minuten szenisch dargestellt. Das Ganze findet in einem großen Apartment statt, das mit Spiegeln ringsum, Mikrowellengerät, mehreren Fernsehern, Computern und Geräten für gymnastische Übungen ausgestattet ist. Zunächst wird Gilles von Paul nur manipuliert, doch dessen Verhalten nimmt zunehmend machiavellistische Züge an. Die Kooperation wird zur Konfrontation und führt dann gar zu körperlicher Aggression. Gilles hat schließlich einen entscheidenden Gedanken, der zu dem *slogan* „Nous sommes dans le pages jaunes" („Wir sind in den Gelben Seiten") entwickelt wird. Die Armee gehöre in die „Gelben Seiten", weil sie eine ebenso seriöse Firma wie andere Firmen auch ist.

Das Stück läßt sich auf verschiedenen Ebenen verstehen. Zum einen geht es um die mehrdeutig interpretierbare Beziehung zwischen Gilles und Paul. Zum zweiten thematisiert *Les Guerriers* die Vorgehensweisen der Werbekampagnen in Québec in den frühen achtziger Jahren, welche fast ausschließlich französische Übersetzungen englischsprachiger *slogans* verwendeten, die von minderwertiger Qualität waren, oft lächerlich wirkten und die Frankophonen in Québec beleidigten. Auf einer dritten Ebene erklärte Alberta Theatre Projects, daß sie dieses Stück zur Aufführung bringen wollten (1990), um Kanadas Indifferenz gegenüber dem Theater in Québec zu bekämpfen. Es mag sein, daß *Les Guerriers* Facetten der Kulturkrise im Kanada der achtziger Jahre am Beispiel der Werbung verdeutlichen will. Ganz bestimmt aber ist Garneaus Stück, wie Pat Donnelly im Mai 1989 im *Gazette* schrieb, der „Ruf eines Pazifisten in der Wüste, der vor den üblen Folgen des Materialismus warnt". Streckenweise geht es in diesem Stück auch um die Thematisierung dessen, was man *writer's block* nennt, eine zeitweilige Blockade im Schaffen eines Schriftstellers, der sich plötzlich und für eine gewisse Zeit nicht in der Lage sieht, schriftlich etwas von sich zu geben. Aufführungsdauer: 1 Stunde und 40 Minuten.

Michel Garneau (1939) ist ein viel beachteter Dramatiker, Dichter und Übersetzer. Er war bereits mit fünfzehn Jahren Radiosprecher und -moderator. Seither hat er verschiedene Serien für Hörfunk und Leinwand geschrieben. Von seinen ca. vierzig Stücken wurden die meisten in Québec aufgeführt. Im Jahr 1989 erhielt er den Governor General's Award für *Mademoiselle Rouge*, ein Bühnenstück für das Jugendtheater.

Themen

- Werbung in der Konsumgesellschaft
- Kreativität versus Kommerzialität
- Hierarchie im Berufsleben
- Geschäftsmann versus Künstler
- Profitsucht und persönliche Moral

**** **

Les guerriers
Un plaisir tous les instants

JEAN BEAUNOYER

■ Il fallait l'expérience et l'immense talent de Michel Garneau pour imaginer une oeuvre dramatique aussi originale, aussi intense que *Les guerriers* défendue admirablement par Eudore Belzile et Robert Lalonde. Un plaisir de tous les instants, un rythme parfait, une véritable partie de ping-pong entre deux publicitaires qui doivent aller au bout de la bêtise.

Comment vendre la guerre par la publicité? That is the question, aurait dit Shakespeare à une autre époque. Garneau a su dévoiler le mal du siècle jamais identifié aussi clairement jusqu'ici. Il s'agit d'une guerre contre la guerre, une guerre contre la bêtise, la dérision et l'aliénation de l'homme inspirée par un grand respect de ses semblables.

Le texte que j'avais lu avant la représentation, était déjà admirable et la mise en scène de Guy Beausoleil est tout aussi réussie. L'enchaînement avec le diaporama est particulièrement bien monté, comme des virgules dans un texte. De la musique de blues, des gros plans qui soulignent l'action et des images qui nous permettent de tourner lentement la page.

L'espace scénique est très long et donne l'illusion d'un très grand appartement où les deux personnages pourront s'opposer. Une très forte opposition entre le coeur et la raison. L'un pense, ressent, vibre, souffre alors que l'autre agit, prépare, calcule et compte les dollars que lui rapporte ce marchandage avec l'âme.

Pendant les deux heures de la pièce, les deux publicitaires devront «topper» le slogan publicitaire «Si la vie vous intéresse». Ce qui nous permet de voir comment on arrive à tout dire en cinq mots. Un cheminement pénible, déchirant qui nous permet de découvrir les mercénaires modernes. Ils ne sont pas payés pour tuer, ils sont payés pour assassiner la conscience.

Au fond, c'est une pièce d'horreur que nous propose Garneau. D'autant plus horrible qu'elle est ensevelie sous la réussite apparente, l'argent, la sécurité et la reconnaissance sociale. Vendre son âme, ce n'est pas très apparent, c'est même estimé de nos jours. Et Garneau a bien raison quand il dit qu'il «faut repartir à zéro, tout oublier pendant dix ans et répondre aux besoins des enfants».

On pourra toujours dire ou écrire qu'il s'agit d'une pièce naïve, utopique, comme furent les révolutionnaires des années 60. Ce serait trop facile, mais j'imagine qu'il faut bien se donner bonne conscience.

Et avant de conclure et vous inciter à ne rater cette production à aucun prix, j'aimerais souligner l'exceptionnel travail des comédiens qui jouent chaudement cette pièce.

Mais quelle magistrale défaite!

(La Presse, Montréal, 30 Avril 1989)

Michel Garneau, *Les Guerriers/Warriors* (Co-Produktion des *Théâtre d'Aujourd'hui* und
Théâtre Francais du Centre National des Arts, 1989); Photo zur Verfügung gestellt von: cead

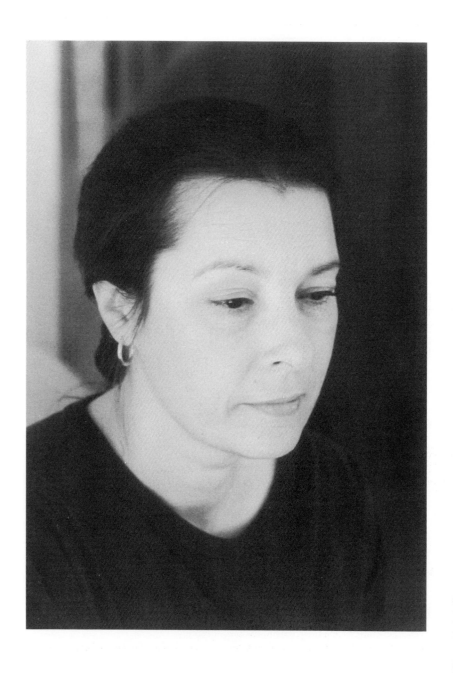

Connie Gault; Photo zur Verfügung gestellt von: Connie Gault; o.J.

Sky

Connie Gault

Erstaufführung	Februar 1989 *25th Street Theatre Centre*, Saskatoon, Saskatchewan
Regisseur	Tom Bentley-Fisher
Besetzung	4 (3 Frauen, 1 Mann)
Bühnenbild	Verschiedene Handlungsorte in der Umgebung eines Präriedorfes, u.a. Zimmer, Haus, Garten; am äußeren Rand des Hofs befindet sich ein metallener Bogen (U-Form), Küchenfenster mit alten Gardinen mit Blick auf den Hof und den Torbogen, einfache Küche, Schlafzimmer; Spätsommer und Winter 1920-22
Verlag/Ort/Jahr	Blizzard Publishing, Winnipeg, Manitoba 1989
Umfang	ca. 79 Seiten
Aufführungsrechte	Connie Gault, 2865 Retallack St., Regina, Saskatchewan S4S 1S8, Tel.: (306)585-0304

Die Personen

BLANCHE: 16 Jahre alt; verheiratet mit Jasper; schwanger; grenzt sich aus; ihre schroffe Art dient ihr als Schutzschild
JASPER: Ende 20; ein ehrlicher junger Mann mit Sinn für Humor
NELL: Mitte 30; eine lebhafte, mütterliche Frau
OLD BLANCHE: eine starke und entschlossene alte Dame; Kettenraucherin

Inhaltsüberblick

Die sechzehnjährige Blanche, die ein Kind von ihrem Vater erwartet, wird mit Jasper verheiratet. Diese beiden hatten sich vorher nie gesehen. Jasper ist Blanche gegenüber sehr rücksichtsvoll, aber „kratzbürstig". Sie flucht und schimpft und versucht, sich von der Außenwelt abzugrenzen. Dem naiven Jasper erzählt sie, daß sie von Gott ein Kind erwartet und zu Weihnachten des Herren Kind gebären werde. Nach anfänglichem Zögern glaubt ihr Jasper und ist schließlich davon überzeugt, daß seine Frau eine Auserwählte Gottes ist.

Am Weihnachtstag - und somit am Tag der Niederkunft - macht Nell, Blanches und Jaspers Nachbarin, die sich um Blanche bemüht hatte, aber immer wieder zurückgewiesen worden war, eine tragische Entdeckung. Bei einer Untersuchung Blanches stellt sie fest, daß das Baby noch im Mutterleib gestorben ist. Blanche reagiert mit Hysterie und berichtet Nell die Wahrheit über ihr Kind. Es sei von ihrem Vater, der sie mißbraucht habe. Nell ist davon offensichtlich nicht überrascht.

Nach diesem Gespräch legt sich Blanche wieder ins Bett, ohne Jasper über den Tod des Babys zu unterrichten. Dieser bemüht sich, die ganze Nacht wachzubleiben für den Fall, daß Blanche ihn bei der Geburt braucht. Schließlich schläft er aber doch ein.

Als Blanche ihr Kind auch am nächsten Tag noch nicht auf die Welt gebracht hat, ist Jasper, der an die Wiederkehr Christi glaubt, völlig verzweifelt und macht sich und seiner Frau schwere Vorwürfe. Blanche tröstet ihn und nimmt ihn in den Arm, was zuvor noch nie geschehen war. Sie nimmt die Schuld ganz allein auf sich.

Diese Lebensgeschichte wird von „Old Blanche", der gealterten Blanche, Jahre danach rückblickend erzählt.

Hintergrund und Kommentar

Sky war Connie Gaults erstes Bühnenstück (1989). Zuvor war die Autorin durch zahlreiche Hörspiele und durch ihre Kurzgeschichtensammlung *Some of Eve's Daughters* bekannt geworden. Sie stammt aus Central Butte in der Provinz Saskatchewan und lebt zur Zeit in Regina. Als junges Mädchen hörte sie die Geschichte über eine Sechzehnjährige, die nach dem ersten Weltkrieg zu einer Heirat gezwungen wurde, um eine durch Inzest verursachte Schwangerschaft zu vertuschen. „Ich habe *Sky* geschrieben, weil ich unaufhörlich an diese Geschichte denken mußte", sagt Connie Gault.

Der Inhalt dieses Bühnenstücks ist für hiesige Theaterbesucher am Ende des 20. Jahrhunderts nicht ohne weiters von Interesse. Zeit und Ort der Handlung (*Sky* spielt in der kanadischen Prärie!) sind weit entfernt von der Aktualität unserer Tage. Doch Machart und Aussage haben *Sky* zu einem beliebten Stück gemacht. Es besticht durch seine Schlichtheit in Sprache und Aufbau; es ist ganz auf die Beziehung zwischen Blanche und ihrem zwanzigjährigen Ehemann, Jasper, konzentriert. Eine besondere Aufgabe für den Regisseur ergibt sich daraus, daß neben der sechzehnjährigen Blanche auch deren ältere Variante, Old Blanche, auftritt und beide ein und dieselbe Person sind.

Sky ist auf verschiedenen Ebenen zu verstehen. Zum einen vermittelt das Stück einen Eindruck vom Kleinstadtleben in der Prärie. Es handelt von der Unschuld zweier Opfer einer Gesellschaft, die in Konventionen und religiösen Zwängen erstarrt ist, aber auch vom Mut und der Stärke der Menschen, die in der rauhen und eintönigen Prärielandschaft (über-)leben müssen. Es thematisiert Ursachen und Folgen sexuellen Mißbrauchs. Auf einer anderen Ebene ist *Sky* eine Auseinandersetzung mit persönlichen Beziehungen in der Ehe und im Freundeskreis. Schließlich problematisiert das Stück die Beziehung zwischen den Existenzen ein und desselben menschlichen Wesens in Jugend und Alter. *Sky* ist also weitaus mehr als die Geschichte zweier *misfits*, die verheiratet wurden, nur um zwei Problemfälle der Gesellschaft nicht ans Tageslicht zu bringen.

Themen

– Kindesmißbrauch und Inzest
– Aufarbeitung der eigenen Vergangenheit
– Leben in der Einöde der Prärie
– Konventionelle Zwänge und Mut zur Eigenständigkeit

****

Gault, Connie. *Sky*.
by Rosalie I. Tennison

Sky is a touching play. The story takes place on the prairies and focuses on the arranged marriage between a pregnant young girl, Blanche, and the slow-witted Jasper. She is a victim of incest and marries Jasper at the bidding of the local minister. Jasper is a lonely bachelor who adored his recently deceased mother. They are watched over by a family friend, Nell, and the silent character of Blanche as an old woman. Blanche tells Jasper that the baby is God's child and that it is due at Christmas. He believes they are the chosen parents for the Second Coming.

This is a story about relationships - between parents, in marriages, and between friends. It is also about the relationship between our youthful selves and our elderly selves. Gault has captured the confusion that often exists in these types of groupings.

Sky presents some interesting staging and casting challenges in that Blanche and Old Blanche share the stage, yet are one character. The audience must be convinced that the two are the same person at different times in her life. It is a play that needs to be seen, in order for the nuances between characters to be understood, because Gault has cleverly created an atmosphere in *Sky*.

(CANADIAN BOOKS, 1991, 24)

John Gray; Photo zur Verfügung gestellt von: Playwrights Canada Press; o.J.

Billy Bishop Goes to War

John Gray/Eric Peterson

Erstaufführung	3. November 1978 *Vancouver East Cultural Centre*, Vancouver, British Columbia; Co-Produktion von *Vancouver East Cultural Centre* und *Tamahnous Theatre*
Regisseur	John Gray
Besetzung	18 (2 Frauen, 16 Männer) plus 1 Erzähler/Pianist; mögliche Verteilung: 1 Schauspieler, 1 Erzähler/Pianist
Bühnenbild	Verschiedene Handlungsorte, u.a.Offiziersquartier, Kriegs-ministerium
Verlag/Ort/Jahr	Talonbooks, Vancouver, British Columbia 1981
Umfang	ca. 102 Seiten
Aufführungsrechte	John Gray, 3392 West 37th Ave., Vancouver, British Columbia V6N 2V6, Tel.: (604)266-7031

Die Personen

NARRATOR/PIANIST

BILLY BISHOP, UPPERCLASSMAN
ADJUTANT PERRAULT, OFFICER
SIR HUGH CECIL, LADY St. HELIER
CEDRIC, DOCTOR, INSTRUCTOR
GENERAL JOHN HIGGINGS, TOMMY
LOVELY HELENE, ALBERT BALL

WALTER BOURNE, GERMAN
GENERAL HUGH M. TRENCHARD
SERVANT, KING GEORGE V

Inhaltsüberblick

Der zwanzigjährige Kanadier Billy Bishop zieht Ärger an wie ein Magnet. Als er zur
Zeit des Ersten Weltkriegs am *Royal Military College* wieder einmal in Schwierigkeiten ist, meldet er sich freiwillig zum Militärdienst in Europa, um seiner Bestrafung zu
entkommen. In Europa erkennt er allerdings bald den Ernst der Lage und beschließt,
den Rest des Krieges in einem Hospital zu verbringen, was ihm zunächst auch gelingt.
Dann aber veranlaßt eine alte englische Freundin seines Vaters seine Entlassung in der
Absicht, ihm zu helfen. Sie besorgt ihm einen Job als Pilot und baut ihn zum Vorzeige-
soldaten auf.
Nach seinem ersten Abschuß findet Billy Gefallen an seinem neuen Leben; er hat sozusagen „Blut geleckt" und bricht alle Rekorde als Bomberpilot. Schließlich greift er
eines Nachts allein einen deutschen Stützpunkt an, zerstört ihn und entkommt unver-
letzt. Auf dem Höhepunkt seiner Karriere beschließt man - zunächst gegen seinen
Willen -, ihn nach Hause zu schicken. Ein lebender Held sei für die Moral besser als
ein toter. Billy fliegt noch ein paar Einsätze und hat bei seiner letzten Begegnung mit
einem deutschen Flieger eine Vision: Er sieht den Feind fallen und sterben, obwohl er
ihn gar nicht getroffen hat, und bekommt plötzlich Zweifel an dem, was er tut. Letztlich ist er froh, daß er nach Kanada zurückkehren kann.
Doch zwanzig Jahre später, als Rekruten für den Zweiten Weltkrieg gebraucht werden,
ermutigt er den eigenen Sohn, sich für den Dienst zu melden und hält eine mitreißende
Rede.

Hintergrund und Kommentar

Billy Bishop Goes to War wurde in der Übersetzung von Hans-Magnus Enzensberger
(deutscher Titel: *Billy Bishop steigt auf*) vor einigen Jahren vom Westdeutschen Rund-
funk gesendet und in der Spielzeit 1988/89 im *Kleinen Haus* der *Städtischen Bühnen*
Münster aufgeführt.
Billy Bishop, der Held des Einpersonenstücks, wurde 1894 in Owen Sound, in der
Provinz Ontario, als Sohn eines Rechtsanwalts geboren. Als Siebzehnjähriger war er
Kadett im *Royal Military College* in Kingston. 1915 erhielt er in Großbritannien eine
Ausbildung für den Infanterie-Einsatz an der Front in Frankreich. Doch schon bald
hatte er genug vom Schlamm der französischen Schützengräben; er meldete sich zur
Air Force und ließ sich zum Piloten ausbilden. In den beiden letzten Kriegsjahren
brachte er es auf 72 Abschüsse deutscher Flugzeuge und wurde damit zum erfolg-
reichsten Jagdflieger bei den Alliierten, sozusagen ein Gegenstück zu von Richthofen
auf deutscher Seite. Nach dem Krieg gründete er eine Firma zum Verkauf von Flug-

zeugen für den zivilen Luftverkehr, die aber bald wieder schließen mußte. In den dreißiger Jahren war er im Ölhandel tätig, und zu Beginn des Zweiten Weltkriegs wurde er Leiter eines Commonwealth-Trainingszentrums in Kanada. Gegen Ende des Krieges nahm er seinen Beruf als Ölkaufmann wieder auf. Er starb 1956 in Palm Beach, Florida.

Ausgangspunkt für das Stück von Gray und Peterson war das von dem 21jährigen Billy Bishop selbst geschriebene Buch *Winged Warfare* (1918), zu deutsch: *Kriegsführung mit Flügeln*, in dem der Jagdflieger über seine ersten sechs Abschüsse während des Ersten Weltkriegs berichtet. 1976 entdeckte Eric Peterson *Winged Warfare*, und er empfahl das Buch John Gray zur Lektüre. Viele Gespräche schlossen sich daran an, und die beiden recherchierten zwei Jahre lang, vor allem in Militärarchiven. Im Sommer 1978 begann Gray zu schreiben. Die Rohfassung „stand" bereits im darauffolgenden März. Ein Theater in Ottawa gab Geld für einen Workshop.

Winged Warfare hatte damals einige bedeutende Fragen aufgeworfen, beispielsweise: Wieso wurde ein Kanadier zum erfolgreichen Jagdflieger, wo doch gerade dieses Land mit Krieg und Kriegsführung eigentlich nie zu tun hatte? Wie ließ sich Billy Bishops Karriere mit dem fast schon sprichwörtlichen kanadischen Minderwertigkeitskomplex in Einklang bringen? Doch in *Billy Bishop Goes to War* geht es nicht um die Frage, ob und warum dieser oder jener Krieg gut oder schlecht war. John Gray möchte mit seinem Stück verdeutlichen, daß „ein Krieg genau so abläuft wie das Leben, nur eben schneller. Wenn man überlebt, erlebt man, wie Freunde sterben". Das Stück, so heißt es im Vorwort der Ausgabe, „ist all denen gewidmet, die nicht aus dem Krieg heimgekehrt sind und all denen, die zurückgekehrt sind und sich fragen, warum".

John Gray ist einer der Vertreter des kanadischen *musical drama*, das sich nicht ohne weiteres in die Reihe amerikanischer Musicals wie *Oklahoma* oder *Annie Get Your Gun* einordnen läßt. Gray wurde 1946 in Neuschottland geboren und war später - wie seine beiden Brüder - professioneller Musiker. Sein erstes Stück, das er auch selbst inszenierte, hieß *18 Wheels* (*18 Räder*). In ihm erzählen sich Fernfahrer und Kellnerinnen in einem *Truck Stop* gegenseitig ihre Geschichten in *Country-* und *Western Music*.

Gray sagt von sich selbst, daß er einen ausgeprägten Gehörsinn habe, aber kein „Auge", das aus einem Zusammenhang das herausfiltern könne, was einem Publikum gefällt. Er wolle deshalb auch keine Stücke schreiben, in denen er nicht die Musik als wesentliches Mittel einsetzen könne. Eric Petersons Begeisterung für historische Details, sein Interesse an örtlichen und zeitlichen Spezifika war da eine wichtige Ergänzung. Seine Schauspielkunst hat wesentlich zum Erfolg von *Billy Bishop Goes to War* beigetragen. Peterson stammt aus der Prärie-Provinz Saskatchewan.

Themen

– Kanadas Beteiligung am Ersten Weltkrieg
– Heldentum und Patriotismus
– Verherrlichung des Krieges

****

On Stage
REVIEW

Gray's play ponders war and heroism
by Jo Ledingham

Billy Bishop Goes to War by John Gray.
Directed by David Wilson. At Presentation
House until February 10.

Canadian World War I hero Billy Bishop
remains forever young and heroic, thanks
to John Gray's musical, *Billy Bishop Goes
to War.* A hit some years ago at the
Vancouver East Cultural Centre with Eric
Peterson (now featured in the TV series
Street Legal), the production at Presentation House stars the very talented Mark
Hopkins, who manages the multitude of
roles with considerable panache.

Hopkins moves easily from Billy to
various commanding officers, to an aristo-
cratic English lady friend of Billy's father,
and back to Billy. One particularly successful portrait is that of the torchy chanteuse
Helene, who sings a throaty caution to the
young flyers to stay calm and (long pause),
"maybe you'll get a little older."

Bishop's white silk scarf becomes
Helen's silk shawl, provocatively draped
around what one imagines to be her bare,
white shoulders; Hopkins' Dietrich-like
delivery evokes a smoke-filled, dimly lit
French cabaret crowded with young men
on the eve of their destruction. On-stage at
the piano is Lawrence Kagan, who com-
fortably manages John Gray's challenging
music in all its variety; he also joins Hopkins here and there in the songs, the most
haunting of which contains the melancholy
refrain, "Somehow it didn't seem like war at
all, at all, at all."

The musical is both an apology for and a
celebration of military heroism and, while
not profound or heavy-handed, it does
provide insight into the making of heroes.
Bishop, by his own admission, was quite
content to spend the war in the infirmary,
where it was nice and warm and safe, but a
chance encounter with a small plane,
delicately dropping from the sky into a
farmer's field "like a dragon-fly on a rock,"
marked the beginning of Bishop's great joy
in flying. Ironically, it also initiated a
rampage of destruction. Ultimately
obsessed with fighting the Huns, Bishop,
without orders, fired up his engine one
dawn, crossed enemy lines, and single-
handedly destroyed a small airport and
everything that moved in it. The excitement
of this manoeuvre is well captured, with
Hopkins donning his flying helmet, stepping
into his imaginary fighter plane, and
relating, detail by detail, the thrill of his
escapade. Adrenalin flows, danger is
palpable, and the seduction of heroism is
obvious.

John Gray's musical entertains with
lively music, lighthearted humour, and
some high-stepping choreography. Tem-
pering the levity is Alan Brodie's set,
dominated by a massive, steeply raked
cenotaph behind which is draped white
parachute silk like the ghosts of countless
lost flyers. It serves as a visual reminder of
the confusion surrounding the nature of
heroism; we deplore war, yet decorate its
heroes and continue to be entertained -
sometimes with song and dance - by tales
of glory. *Billy Bishop Goes to War* leaves
you with wisps of songs and much to pon-
der.

(GEORGIA STRAIGHT, Feb. 2-9, 1990)

Tomson Highway; Photo zur Verfügung gestellt von: Native Earth Performing Arts; o.J.

The Rez Sisters

Tomson Highway

Erstaufführung	26. November 1986 *Native Canadian Centre of Toronto*; Co-Produktion von *Act IV Theatre* *Company* und *Native Earth Performing* *Arts Inc.*
Regisseur	Larry Lewis
Besetzung	10 (7 Frauen, 3 Männer); mögliche Vertei- lung: 7 Frauen, 1 Mann
Bühnenbild	Verschiedene Handlungsorte im *Wasay-* *chigan Hill*-Indianer-Reservat, Manitoulin Island, Ontario; Spätsommer 1986
Verlag/Ort/Jahr	Fifth House Publishers, Saskatoon, Saskatchewan 1988
Umfang	ca. 118 Seiten
Aufführungsrechte	Native Earth Performing Arts, Toronto, Ontario; Creative Technique Inc., Suzanne DePoe, David Doze, Toronto, Ontario

Die Personen

PELAJIA PATCHNOSE: 53 Jahre alt
PHILOMENA MOOSETAIL: 49 Jahre alt; Pelajias Schwester
MARIE-ADELE STARBLANKET: 39 Jahre alt; Pelajias und Philomenas Halb-
schwester
ANNIE COOK: 36 Jahre alt; Marie-Adeles Schwester und Halbschwester der anderen
beiden
EMILY DICTIONARY: 32 Jahre alt; Annies Schwester und Halbschwester der ande-
ren beiden

VERONIQUE ST. PIERRE: 45 Jahre alt; Schwägerin von allen anderen
ZHABOONIGAN PETERSON: 24 Jahre alt; Veroniques geistig behinderte Adop-
tivtochter
NANABUSH: indianische Figur aus der Mythologie; erscheint als Möwe und Nacht-
falke und spielt den Leiter des Bingospiels

Inhaltsüberblick

Pelajia, Philomena, Marie-Adele, Annie, Emily und Veronique mit ihrer Tochter be-
schließen, zum größten „Bingo der Welt" nach Toronto zu fahren. Sie sind davon
überzeugt, daß ein finanzieller Gewinn all ihre Probleme lösen würde. Philomena
wünscht sich ein modernes Bad mit WC, Pelajia würde die staubigen Straßen des Re-
servats, aus dem sie kommen, pflastern lassen, Marie-Adele würde eine Insel für sich
und ihre Familie kaufen, Annie alle Schallplatten von Patsy Cline und Veronique einen
neuen Komfort-Herd. So verschieden ihre Wünsche sind, so verschieden sind auch die
Frauen: Alles andere als eine verschworene Gemeinschaft, streiten sie viel und heftig,
beleidigen einander, spannen sich gegenseitig die Männer aus und versuchen, die Le-
bensbedingungen in ihrem Reservat mit Energie zu überstehen.
Während der Fahrt nach Toronto erfahren die Zuschauer, daß Philomena eine Abtrei-
bung hatte und daß Emilys beste Freundin vor ihren Augen überfahren wurde. Marie-
Adele trifft während einer Rast Nanabush als Nachtfalken, der ihren baldigen Tod ankündigt.
Das Bingospiel erweist sich als mäßiger Erfolg. Nur Philomena gewinnt, und sie kauft
sich ihr Badezimmer, aber das Leben aller wird von der Reise beeinflußt. Marie-Adele
stirbt, Veronique kümmert sich um Marie-Adeles Mann und ihre vierzehn Kinder und
kommt so doch noch zu einem neuen guten Herd. Emily freut sich über ihre Schwangerschaft, und Annie singt in der Band ihres geliebten Fritz the Katz. Das Reservat ist
noch genauso arm und vergessen wie zuvor, aber es wird deutlich, daß die Frauen
mehr denn je dafür kämpfen, sich davon nicht besiegen zu lassen.

Hintergrund und Kommentar

Tomson Highway wurde 1951 in einem Zelt, „in the middle of a snowbank on his
father's trap line", auf einer entlegenen Insel im nördlichen Manitoba geboren. Er war
das zweitjüngste von zwölf Kindern. Bis zu seinem sechsten Lebensjahr sprach er nur
Cree, die Sprache des Stammes. Dann wurde er - auf Geheiß der Regierung - in eine
katholische Internatsschule für Natives in The Pas geschickt; nur in den Sommermona-
ten kam er nach Hause. Die negativen Erfahrungen in dieser Schule haben ihn veranlaßt, die für ihn grausame Religion des Katholizismus aufzugeben und sich die
Spiritualität seiner Vorfahren zu eigen zu machen. Dies war ein entscheidender Punkt
für sein Verständnis von „Inspiration". Das Geschehen in seinen Stücken wird durch
das Wirken eines zentralen Charakters bestimmt, der der Mythologie der Natives ent-

stammt, dem Trickster, der nicht ausschließlich männlich oder weiblich ist, sondern dieses oder jenes oder beides. In Highways Verständnis ist der Trickster - ähnlich wie Jesus Christus - halb Gott, halb Mensch, eine Heldenfigur. Er lebt auch heute. Man spürt seine Gegenwart nicht nur in Reservaten, auch in Großkaufhäusern, wie im Eaton Centre, findet man ihn. Er mischt sich in das Leben und Tun der Menschen ein. Er ist, mit Highways Worten, „wie ein magischer Staub, der über eine Alltagserfahrung verstreut wird und diese dann wundersam verwandelt". Der Trickster und andere Gestalten der Mythologie sind Archetypen, die jeder - ungeachtet seiner Herkunft, Rasse und Religion - wahrnehmen kann.

Heute lebt der Autor in Toronto. Ausgaben seiner Stücke sind bei Playwrights Union Canada erhältlich. *The Rez Sisters* („Rez" ist eine Kurzform für „Reservat"), sein bekanntestes Stück (1986), wurde zu einem epochenmachenden Werk in der Entwicklung des indigenen Theaters in Kanada, weil Highway hier die Trickster-Figur des Nanabush auf die Bühne bringt, an der er verdeutlicht, daß das Gedankengut kanadischer Indianer in unsere Lebenswelt übertragen werden und auch für diese bedeutsam sein kann. „Ich habe mich für die Stadt entschieden", sagt Highway. „Da und damit die Mythen auch für mein jetziges Leben ihre Bedeutung behalten, muß ich sie auf die Realitäten des Stadtlebens anzuwenden versuchen". Eine Facette dieser Auffassung äußert sich darin, daß er und andere Native writers ihre Stücke in englischer Sprache schreiben, allerdings in einem für ihre Zwecke umgestalteten Englisch.

Noch in den siebziger Jahren wurden Bühnenstücke über kanadische Natives in aller Regel von non-Natives geschrieben. Heutzutage artikulieren die indigenen Autoren selbst ihre Standpunkte, Auffassungen und Probleme. Ein gewichtiges Argument, das Highway, Taylor und Moses (von denen jeweils ein Werk in dieses Buch aufgenommen wurde) dafür ins Feld führen, daß letztlich nur Natives über sich schreiben können und sollen, ist dies: Drama ist in ihrem Verständnis eine Weiterführung der oralen Tradition, auf der die Weisheit der Älteren beruht, welche ihrerseits das Zentrum der kulturellen Identität der Natives ist. Deren Mythologien fanden in mündlicher literarischer Tradition lange vor 1492 auf dem amerikanischen Kontinent ihren Niederschlag. Zeitgenössisches kanadisches Drama beschränkt sich nicht mehr allein auf englisch- und französischsprachige Stücke. Die Werke indigener Dramatiker sind zu einem wesentlichen Bestandteil geworden und verdienen auch in Europa Beachtung; nicht zuletzt deshalb, weil sie eben Mythologie und orale Tradition in unsere moderne Welt übertragen. Die Einblicke, die das experimentierfreudige Theater der kanadischen Natives gewährt, können unmittelbar zum Verständnis einer uns zunächst fremd anmutender Kultur führen und mittelbar zu interkulturellem Verstehen überhaupt anregen und beitragen.

Ihren Artikel in *Books in Canada* (März 1989) unter dem Titel *Nanabush in the City* beginnt Nancy Wigston mit dem folgenden (hier ins Deutsche übertragenen) Satz: „Tomson Highway schreibt auf englisch, träumt in Cree, und seine Stücke verbinden seine Kenntnis der indianischen Realität in seinem Lande mit klassischen Strukturen und künstlerischer Sprache".

Themen

– Elemente indianischer Mythologie
– Bedeutung und Funktion der Trickster-Figur
– Ghettoisierung von Minderheiten
– Leben der Frauen im Reservat
– Verwirklichung von Träumen und Hoffnungen
– Bingo als Spiel und Lebenselexier

****

No wings, yet
by Carol Bolt

Tomson Highway's *The Rez Sisters* takes us from the Wasaychigan Hill Indian Reserve on Manitoulin Island to the World's Biggest Bingo in Toronto. It's a free-wheeling, unforgettable journey in terrific company, the Rez sisters, all of them full of energy and honesty and dreams and life.

There is Pelajia Patchnose, who wants paved roads "so people will stop fighting and screwing around and Nanabush will come back to us because he'll have paved roads to dance on." There's Annie Cook, who wants to go to Toronto to go to all the record stores, listen to all the live bands "and drink beer quietly, not noisy and crazy like here." There's Philomena Moosebait, who wants only a toilet "big and wide and very white." And there's Marie-Adele Starblanket who has cancer and who counts her 14 children on the posts of her white picket fence: "Simon, Andrew, Matthew, Janie, Nicky, Ricky, Ben, Mark, Ron, Don, John, Tom, Pete, and Rosemarie." Marie-Adele longs for an island, "the most beautiful, incredible island in the whole goddamn world" for her 12 Starblanket boys and two Starblanket girls. In all, there are seven vital, remarkable women; and we also meet Nanabush, the trickster, disguised as a seagull, a disturbing spirit whom only Marie-Adele and the mentally disabled girl, Zhaboonigan Peterson, can see.

ZHABOONIGAN
Don't fly away. Don't go. I saw you before. There, there. It was a Screwdriver. They put a screwdriver inside me. Here. Remember.

Ever lots of blood. The two white boys. Left me in the bush. Alone. It was cold... Ever nice white bird you...

Wasaychigan Hill is "plain, dusty, boring...old Wasy" where the "old man has to go the hundred miles to Espanola just to get a job" and the "boys... Gone to Toronto. Only place educated Indian boys can find decent jobs these days." It is also a world full of poetry and spirits, "where on certain nights at the bingo... you can see Bingo Betty's ghost, like a mist, hovering in the air over the bingo tables, playing bingo like it's never been played before," and where Nanabush courts Marie-Adele, dancing with her, begging her to fly away with him.

Marie-Adele tells him she has no wings "...Yet." Besides, she is going to Toronto. For tests. And to play the biggest Bingo in the world with her five sisters.

It is when the women start out for Toronto, driving through the night, that the story becomes most haunting. While the others stop to change a tire blown out on the pitch-dark midnight highway, Marie-Adele meets the Night Hawk, the dark side of Nanabush. He reminds her that she's dying and she's terrified. She talks about her husband, Eugene:

I could be really mad, just raging man just wanna tear his eyes out with my nails when he walks in the door and my whole body goes "k-k-k"...

She talks about "the curve of his back, his breath on my neck, Adele, *ki-sa-gee-ee-tin oo-ma*, making love, always in Indian, only. When we still

could. I can't even have him inside me anymore. It's still growing there. The cancer."
"Pelajia," she explains in Cree, "*Een-pay-seek-see-yan.* Pelajia, I'm scared to death."
The six women continue together toward Toronto as Pelajia tries to comfort Marie-Adele.

You know, one time, I knew this couple where one of them was dying and the other one was angry at her for dying. And she was mad because he was gonna be there when she wasn't and she had so much left to do...

We have seen the sisters raging at each other in a remarkable sequence, a riot of every conceivable insult. Now, when they're gentlest with each other, when their journey has taken them simply and directly to the heart of the matter, the stage erupts again. Nanabush, in disguise as the Bingo Master, lets everyone in the audience play one warm-up game on the bingo cards included with each program.
Whoever wins this warm-up game, it isn't the Rez sisters. Then the biggest bingo in the world is called, for the big pot they all want, [...]. They do everything they can to win. Philomena plays 27 cards. But when they realize it isn't going to work, they storm the stage, complaining that the game is unfair. It's a wonderful moment of theatre, as the Bingo Master changes to the Night Hawk and waltzes away with Marie-Adele.
The Rez sisters return to the reserve without Marie-Adele. Although the play's final sequence seems empty without her, perhaps we are feeling the same loss the characters feel. After all, for two hours we have been part of an

extraordinary, exuberant, life-affirming family.

(BOOKS IN CANADA, March 1989, 26)

Tomson Highway, *The Rez Sisters* (Produktion von *Native Earth Performing Arts*, o.J.);
Photograph: OOStudio Photography; Photo zur Verfügung gestellt von: Native Earth
Performing Arts

Marie Laberge, *Aurélie, ma Soeur/Sisters* (Produktion des *Théâtre du Trident*, 1988);
Photograph: Jacques Laberge

Aurélie, ma Soeur/Sisters

Marie Laberge

Erstaufführung (frz.)	1. November 1988 *Grand Théâtre*, Québec, Québec; Produktion des *Théâtre du Trident*
Regisseur	Marie Laberge
Erstaufführung (engl.)	Übersetzung in Auftrag gegeben für die *Interact 89*, die Übersetzung ist eine Co-Produktion von CEAD und *Factory Theatre*, Toronto, Ontario, 1989
Besetzung	2 Frauen
Bühnenbild	Wintergarten eines Hauses in Montréal, Québec; 1983/84
Verlag/Ort/Jahr	**(frz.)** VLB Editeur, Outremont, Québec 1988; **(engl.)** CEAD (Centre des Auteurs Dramatiques), Montréal, Québec 1989 (Bühnenmanuskript)
Umfang	ca. 133 Seiten (frz. Ausgabe)
Aufführungsrechte	Marie Laberge, 5317, rue Waverly, Montréal, Québec, H2T 2X8, Tel.: (514)279-1696

Die Personen

AURÉLIE: 45 Jahre zu Beginn des Stücks; eine Frau, die durch ihre Humanität, Klarsicht und ihr Mitgefühl auffällt; sie ist niemals romantisch, benimmt sich Chatte gegenüber freundschaftlich; ein „Mutter-Tochter-Tonfall" sollte vermieden und eher die Zärtlichkeit zwischen ihr und Chatte betont werden.

CHATTE: 23 Jahre zu Beginn des Stücks; ihr wirklicher Name ist Charlotte; sie ist lebhaft und leidenschaftlich. Für sie gibt es keine halben Sachen, das Leben soll für sie möglichst heftig und vibrierend gelebt werden; sie ist weit mehr als nur ein hübsches Mädchen, ein Wesen von besonderer Schönheit und leidenschaftlich dem Leben zugeneigt.

Inhaltsüberblick

Das Stück verfolgt an fünf Abenden über einen Zeitraum von einigen Jahren das Schicksal, die Vergangenheit und die heutige Beziehung zwischen der Mittvierzigerin Aurélie und der jungen Charlotte, genannt Chatte.

Zu Beginn hält man die beiden Frauen für Tante und Nichte. Die Lehrerin Aurélie ist seit 18 Jahren geschieden und lebt in einem Haus in Montréal, dessen Wintergarten der Schauplatz der Begegnungen ist. Die schöne Chatte hat sich in einen verheirateten Ehemann und Vater, Pierre-Louis, verliebt, eine Verbindung, der Aurélie aufgrund ihrer Lebenserfahrung skeptisch gegenübersteht.

Aurélie schreibt regelmäßig an ihre Schwester Charlotte, die als Bildhauerin in Italien lebt, und berichtet ihr detailliert über Chattes Entwicklung, ohne jedoch jemals einen Brief zurückzubekommen. Charlotte ging vor Jahren fort, und Chatte kann sich nicht mehr an sie erinnern. Aurélie hat die Mutterstelle bei ihr eingenommen.

Im Laufe der weiteren Treffen der beiden Frauen, die einander äußerst herzlich zugetan sind, stellt sich heraus, daß sich die Beziehung zu Pierre-Louis und dessen Trennung von seiner Familie sehr schwierig gestaltet. Nach einigem Auf und Ab gelingt es Chatte aber, von sich aus einen Schlußstrich zu ziehen. Aurélie nimmt an Chattes Erfahrung großen Anteil und erinnert sich wieder einmal an ihre eigene Vergangenheit und ihre eigenen Erfahrungen mit Männern, Liebe und Sexualität.

Jahrelang hatte Aurélie darauf gehofft, daß ihre Schwester Charlotte sie einmal nach Italien einladen würde - vergeblich. Durch Charlottes Wechsel nach Italien geriet Aurélie in eine große Leere, denn ihr Leben war bis dahin nur auf die Schwester konzentriert.

Die vierte Begegnung folgt unmittelbar der Beerdigung von Aurélies Vater, an der Charlotte nicht teilnimmt. Jetzt kommt ans Tageslicht, was Andeutungen schon längst haben vorausahnen lassen: Der Vater Aurélies und der Vater Chattes sind ein- und dieselbe Person. Er hat seine damals 15jährige Tochter Charlotte geschwängert, und damit veränderte sich auch die Beziehung zwischen ihm und Aurélie, obwohl er diese niemals angefaßt hatte. Fortan versuchte Aurélie, ihren etwas simplen, ungebildeten, aber für sie bislang guten Vater zu vergessen und schlechtzumachen. Durch sein Vergehen an Charlotte geriet sie in einen Konflikt: Alles Gute, was sie von ihm bekommen hatte, verdrängte sie - 24 lange Jahre lang. Die Beerdigung ihres Vater löst endlich ihren Konflikt, denn sie beerdigt auch das kleine, den Vater liebende Mädchen, das sie war. Sie hat Charlotte gegenüber noch immer Schuldgefühle, weil sie ihre kleine Schwester nicht vor dem Vater beschützen konnte. Als Charlotte fortging, um sich von ihrer Vergangenheit zu lösen, nahm sie Aurélie das Versprechen ab, daß der Vater Chatte niemals anrühren dürfe. Aurélie weihte Chatte in die Wahrheit ein, denn nur so konnte sie Chatte plausibel erklären, warum sie nicht mit ihrer leiblichen Mutter zusammenleben kann. Im Sommer kündigt Chatte an, daß sie nach 25 Jahren ihre Mutter in Italien besuchen will. Aurélie gibt ihr als Geschenk die Entwürfe von über 200 Briefen an Charlotte, die sie in all den Jahren geschrieben hat und in denen es vor allem um Chatte ging. Die Briefe legen ein beeindruckendes Zeugnis ihrer Beziehung und Entwicklung ab.

Nach ihrer Rückkehr aus Italien berichtet Chatte Aurélie, wie wenig befriedigend die Begegnung mit der ihr fremden, kühlen Charlotte verlaufen ist. Für Chatte ist und bleibt Aurélie ihre wirkliche Mutter; ihre eigene Mutter sieht sie eher als Tochter Aurélies. Doch Charlotte hat Chatte ein Geschenk für Aurélie mitgegeben und beweist in einem Brief, daß sie keineswegs so herz- und lieblos ist, wie es all die Jahre schien. Die ohnehin schon liebevolle und tiefe Beziehung zwischen Aurélie und Chatte, die zugleich Tochter, Nichte und Schwester für sie ist, ist noch tiefer geworden.

Hintergrund und Kommentar

Marie Laberge, die Autorin von *Aurélie, ma Soeur*, wurde 1950 in Québec City geboren. Sie studierte am Conservatoire d'Art Dramatique ihrer Heimatstadt (1972-75), arbeitete danach zunächst als Schauspielerin, dann als Regisseurin und Dramatikerin. Sie hat ca. 20 Stücke und einige Drehbücher geschrieben. Von 1987 bis 1989 war sie Präsidentin des Centre d'Essai des Auteurs Dramatiques. Für die europäische Produktion von *L'Homme gris* verlieh ihr die französische Regierung das „Croix de Chevalier de l'ordre des Arts et des Lettres".

In ihren Stücken beweist Marie Laberge ihre besondere Fähigkeit, durch vielfältiges Rahmenwerk und durch Figuren mit großer Überzeugungskraft hohe dramatische Spannung zu erzeugen. Sie setzt sich gleichermaßen mitfühlend und humorvoll mit menschlichen Problemen unserer Zeit auseinander. *Aurélie, ma Soeur* wurde von Rina Fraticelli unter dem Titel *Sisters* ins Englische übersetzt. Die Aufführungsdauer ist 2 Stunden und 10 Minuten.

In diesem Zweipersonenstück unterhalten sich zwei Frauen über ihr Leben und die Liebe, über Katzen, Blumen, Sex und über das schreckliche Geheimnis, das sie teilen; über eine Person, die nicht da ist, die man nie gesehen und von der man nie gehört hat und die doch von Bedeutung ist. Im Zentrum des Stücks geht es um die Liebe zwischen einer jungen Frau und deren Adoptivmutter und deren schwesterliches Verhältnis jenseits aller familiären Bindungen. *Aurélie, ma Soeur* thematisiert die Zärtlichkeit und liebevolle Zuneigung, die Wunden heilen können, die unheilbar erscheinen.

Auf der Bühne geschieht wenig. Das Stück besteht ausschließlich aus den Gesprächen, die Aurélie und Chatte miteinander führen. Es konzentriert sich auf fünf Abende, die über einige Jahre verteilt sind. Unter der Oberfläche des *small talk* geht es um bedeutsame Auseinandersetzungen mit der Wirklichkeit: um Loyalität, um Geheimnisse aus der Vergangenheit, um Selbstfindung und Selbstverwirklichung. Der Kontrast zwischen Chattes immer stärkeren Loslösung von der leiblichen Mutter und des wachsenden Beziehung zu ihrer Tante bestimmt den Ablauf des Stücks und konstituiert einen höchst komplexen *plot*. Dieser erschließt sich sozusagen nach hinten. Besondere Bedeutung kommt der Szene zu, in der Aurélie und Chatte von der Beerdigung eines alten Mannes in Québec City zurückkehren, der, wie sich später herausstellt, beider Vater war.

Aurélie, ma Soeur ist nicht eigentlich ein Drama. Manche Szenen, auf die man in einem Film die Kamera richten könnte, werden nur im Dialog erwähnt. Die Wirkung einer Aufführung auf das Publikum wird wesentlich davon abhängen, wie das Geschehen hinter der Bühne unaufdringlich und doch plausibel gemacht wird. Die Veränderung des Wintergartens signalisiert den Lauf der Zeit. Spezifische Anforderungen an das Décor sind in der Textausgabe vor dem Personenverzeichnis aufgeführt. Musik von Vivaldi bildet den Hintergrund für Aurélies Gefühle. Bedeutsam ist auch der Einsatz des Lichtes der Lampe, die Aurélie Chatte geschenkt hat.

Marie Laberges Stück gibt Einblicke in das Gegenwartstheater des frankophonen Québec. Es zeigt, daß menschliche Beziehungen in unerwarteten Formen erhalten bleiben, wie kleinkariert und bigott das Leben ringsum auch sein mag. Manche sehen in *Aurélie, ma Soeur* eine politische Allegorie, wie zum Beispiel der englische Theaterkritiker Malcolm Rutherford, der in der *Financial Times* vom 18. Oktober 1994 schrieb: „Man kann in diesen Text eine politische Allegorie hineinlesen: entweder bleiben das englischsprachige und das französischsprachige Kanada trotz aller Differenz beieinander, oder Québec muß seine Loslösung betreiben". In Laberges Stück ist - ungeachtet solcher Erklärungsversuche - die Beziehung zwischen Aurélie und Chatte weitaus besser als die zwischen leiblicher Mutter und Tochter.

Themen

– Leibliche Mutter und Adoptivmutter
– Entdeckung und Problematisierung der eigenen Herkunft
– Verdrängung und Verarbeitung neuer Beziehungsverhältnisse
– Mangelndes Verantwortungsbewußtsein (Vater, Pierre-Louis, Gaetan)

****

L'envoûtement des « choses de la vie »

Aurélie, ma soeur

Une pièce de Marie Laberge. Mise en scène de Marie Laberge. Lumières de Michel Beaulieu. Musique de Robert Gaux. Costumes de Luce Pelletier. Décor de Monique Dion. Avec Denise Gagnon et Guylaine Tremblay. Une production du Théâtre du Trident à la Salle Octave-Crémazie du Grand Théâtre de Québec.

Alain Pontaut

C'EST une histoire douloureuse et tendre, intimiste et large, violente et douce que nous raconte Marie Laberge dans *Aurélie, ma soeur*, une production du Trident, qu'elle met aussi en scène, au Grand Théâtre de Québec. C'est une histoire racontée si naturellement qu'on y adhère, et presque tout au long, de la même façon.

Cinq nuits, dans le solarium d'Aurélie, 45 ans, tante de la « Chatte », 23 ans, tante mais aussi complice et boussole affective d'une « chatte » qui fait fougueusement ses débuts dans l'existence.

Et d'abord tout ceci est sensible et léger, enlevé, drôle et chaud, à cette réserve près que Pierre Louis, l'a-vèler trop lâche pour quitter sa femme, que la soeur d'Amélie, mère de « la chatte », naguère enceinte des oeuvres de son père, s'est emmurée dans un lointain exil, qu'Aurélie, tante et soeur de « la chatte », après avoir haï son père, regrette de l'avoir laissé mourir seul, que la mère de

« la chatte » porte des blessures qui n'ont pas étouffé son âme, que... .

Dans cette pièce à deux personnages, il y a de la matière pour cinq drames et pour dix tragédies, pour Oedipe, Antigone et Jocaste, pour des ruptures, des dénonciations, des déferlements de mélancolie et de détresse, des impuissances, des fermetures, de la lumière aussi et de l'amour.

Mais si *Aurélie, ma soeur* est une pièce très dense, c'est aussi une pièce qui témoigne d'un art aigu du dialogue quotidien, simple et vrai, de la réplique spontanée, légère et familière, du mot vif, de la répartie qui commande le rire. Cela ne nuit pas à la densité tragique des situations et de la réflexion, du propos, quelque-fois presque métaphysique, à l'intimité des âmes. Au contraire.

Sans cette fantaisie, la pièce eut peut-être été noire et surchargée, un peu mélo. C'est à cause de ces bouf-fées d'humour, de légèreté que la pièce respire pourtant aussi large-ment, qu'elle apparaît, dans cette noirceur, aussi sereine et harmo-nieuse, profonde et douce comme les sentiments qui unissent ces deux beaux personnages de femmes, cons-tamment inondée de tendresse, grave mais dans la matière, pas dans le ton.

Ainsi, au lieu de nous gratifier d'une tirade pascalienne sur la dis-proportion entre nos vastes rêves et nos petites forces, « la chatte » dit plutôt : « Pourquoi on a envie de vo-ler si on n'est pas capable de voler, veux-tu bien me dire ? » Et c'est le même message, mais arrangé pour qu'on puisse en rire.

En fait, on rend très mal compte de cette pièce en en isolant le sujet, le ton ou le dialogue. Car cette pièce, comme celles de Tchekhov, est une pièce d'atmosphère et celle-ci, sa-vamment composée par le décor de Monique Dion et les lumières de Mi-chel Beaulieu, par une mise en scène efficace, c'est-à-dire souvent invisi-ble, par l'admirable humanité de De-nise Gagnon (Aurélie) et par l'ex-trême vivacité de Guylaine Trem-blay (« la chatte »), est une atmos-phère pénétrante et subtile, envoû-tante.

Tissée de l'évocation riche et pro-fonde des « choses de la vie », elle trouve magiquement, et au-delà de l'action même, le chemin du coeur du spectateur, le laissant plus hu-main et sensible qu'il n'était en en-trant.

(Le Devoir, 9 novembre 1988, 14)

Suzanne Lebeau, *Les Petits Pouvoirs/Little Victories* (Produktion des *Théâtre Le Carrousel*);
Photo zur Verfügung gestellt von: Le Carrousel; 1983

Les Petits Pouvoirs/Little Victories

Suzanne Lebeau

Erstaufführung (frz.)	März 1982 *Théâtre Le Carrousel*, Montréal, Québec
Regisseur	Lorraine Pintal
Erstaufführung (engl.)	3. Februar 1985 *Young People's Theatre*, Toronto, Ontario
Regisseur	Richard Greenblatt
Besetzung	11 (vier Kinder, sechs Elternteile, ein Lehrer); zwei Chöre (Kinder/Eltern); mögliche Verteilung: 4, 11 oder mehr als 11 Schauspieler
Bühnenbild	Verschiedene Handlungsorte, u.a. 4 Wohnungen, Schule
Verlag/Ort/Jahr	(frz.) Les Éditions Leméac; Ottawa, Ontario 1983 (engl.) CEAD (Centre des Auteurs Dramatiques), Montréal, Québec 1984 (Bühnenmanuskript)
Umfang	ca. 96 Seiten (frz. Ausgabe)
Aufführungsrechte	Suzanne Lebeau, 320 rue Pine, Saint-Lambert, Quebec J4P 2N8, Tel.: (514)466-7236 (privat), (514)529-6309 (dienstlich); Fax: (514)529-6952

Die Personen

ISABELLE: 10 Jahre alt
MÈRE D'ISABELLE: 35 Jahre alt
PÈRE D'ISABELLE: 36 Jahre alt

PIERRE: 11 Jahre alt
MÈRE DE PIERRE: 30 Jahre alt
PÈRE DE PIERRE: 40 Jahre alt
MATHIEU: 9 Jahre alt
PÈRE DE MATHIEU: 33 Jahre alt
ANNE: 10 Jahre alt
MÈRE D'ANNE: 45 Jahre alt
PROFESSEUR
LE CHOEUR DES ENFANTS
LE CHOEUR DES PARENTS

Inhaltsüberblick

Das Stück beschäftigt sich mit vier Kindern unterschiedlichen Temperaments und deren Eltern.
Im Prolog skandiert ein Elternchor Verhaltensmaßregeln für Kinder. Anne, Isabelle, Mathieu und Pierre äußern nacheinander ihren Abscheu gegenüber solchen Vorschriften und wünschen sich mehr Respekt, Verständnis und Aufmerksamkeit für ihre Bedürfnisse. Sie beklagen im Chor, daß sie nur dann geliebt werden, wenn sie sich nach den Wünschen der Eltern verhalten. Die Eltern wollen ihrerseits nur „das Beste" für ihre Kinder. Man mißversteht sich.
Die Konflikte werden in sieben Szenen des Tagesablaufs unterschiedlich beleuchtet: „Das Erwachen", „Die Schule", „Die Hausarbeit", „Die Rückkehr aus der Schule", „Die Einkäufe", „Das Abendessen", „Die Strafen und das Zubettgehen".
In der Schlußsequenz dominieren versöhnliche Töne: Die Eltern bitten ihre Kinder darum, ihnen genügend Muße zu lassen, um bestimmte notwendige Dinge - auch zum Wohl ihrer Kinder - erledigen zu können.

Hintergrund und Kommentar

In den achtziger und neunziger Jahren hat sich das *theatre for young audiences* in Québec nicht nur innerhalb Kanadas, sondern auch international einen Namen gemacht. Theatergruppen führen regelmäßig im Montréals Maison Théâtre Stücke für Jugendliche auf. Einige Dramatiker und Dramatikerinnen wenden sich ausschließlich an jugendliche Theaterbesucher. Suzanne Lebeau ist eine von ihnen. Sie ist Gründungsmitglied des Théâtre le Carrousel, schreibt seit 1974 fast nur für dieses Theater und spricht mit ihren Stücken vor allem Kinder im Alter von neun bis zwölf Jahren an. Für Dramaturgien an Kinder- und Jugendtheatern hierzulande dürften ihre Werke eine Fundgrube sein. *Petite ville deviendra grande/A City in the Making* (1981), *Une lune entre deux maisons/A Moon between Two Houses* (1980), *La Marelle/Hopscotch* (1986), *Gil/Burt* (1990), *Contes d'enfants réels/Tales of Real Children* (1993) seien an dieser Stelle stellvertretend genannt. Die Aufführungsrechte liegen bei der Autorin.

Les Petits Pouvoirs (1983) wurde von Maureen LaBonté ins Englische übersetzt. *Little Victories* ist der englischsprachige Titel. Die Familie als Schauplatz ständiger Auseinandersetzungen ist der Gegenstand dieses Stücks. Vier neun- bis elfjährige Kinder und drei Elternpaare stehen im Zentrum der Handlung. Zum Personal gehören ferner ein *professeur* und zwei Chöre. Alles geschieht an einem einzigen Tag.

Anne, Isabelle, Mathieu und Pierre sind als Protagonisten strikt gegen die Anordnungen der Eltern; sie verlangen mehr Verständnis für ihre Wünsche und Probleme. In der Schule wird ihr Bewegungsdrang unterdrückt und in den anderen Phasen des Tagesablaufs bleibt kaum Gelegenheit, Dinge zu tun, die man tun möchte.

Les Petits Pouvoirs ist ein Plädoyer für mehr Kommunikation zwischen Eltern und Kindern; auch dafür, daß Kindheit und Heranwachsen als das verstanden werden, was sie sind, als Teil der Lebensrealität in allen möglichen und verschiedenen Formen. Das Stück geht auf intensive Recherchen der Vorstellungen von Kindern und der Realität des Lebens dieser Kinder zurück. Lebeau hat in ersten *workshops* Erfahrungen gesammelt: Eltern, Schule und Geld sind entscheidende und miteinander verbundene Auslöser von Spannungen bei den neun- bis dreizehnjährigen Kindern. In weiteren *workshops* haben sich „Animateure" mit den Kindern bemüht, die Ursachen für eine Verschlechterung der Beziehungen zu begrenzen, d.h. (scheinbar unbedeutende) Details zu eruieren, die zu Spannungen und Aggressionen führen. Das Familienmilieu erwies sich eindeutig als besonders sensibles Terrain. Die emotionale Last, die auf intra-familialen Beziehungen liegt, ist von gravierender Tragweite. Jede der Gruppe im *workshop* hat alltägliche Situationen genau untersucht, um Spannungen auslösende Mechanismen zu verstehen.

Langjährige Theaterpraxis und Unterrichtserfahrung Lebeaus schlagen sich in *Les Petits Pouvoirs* deutlich nieder. In Montréal wurde sie ausgebildet, bei Étienne Decroux in Paris hat sie studiert und in Polen eine einjährige Lehrzeit absolviert. Die meisten ihrer Stücke wurden in andere Sprachen, zum Teil in mehrere, übersetzt und weltweit aufgeführt.

Themen

- Mißverständnisse zwischen Eltern und Kindern
- Wunsch nach mehr Respekt vor der Persönlichkeit der Mitmenschen
- Kindliches Bedürfnis nach Selbständigkeit
- Gesellschaftlicher Druck und soziale Normen

****

Les petits pouvoirs

Les tiraillements de deux générations

DOMINIQUE DEMERS

LES PETITS pouvoirs, c'est la folle sarabande des jeux de domination et de soumission qui tissent le quotidien de la vie familiale. Les sempiternels tiraillements entre deux générations, l'une préférant les crêpes aux asperges, l'autre, les nouilles au ketchup.

Créée il y a maintenant trois ans par Le Caroussel, la pièce de Suzanne Lebeau a voyagé aux quatre coins de la province et outre-mer, toujours chaleureusement accueillie. Reprise ce mois-ci à la Maison-Théâtre, elle vient revamper une saison théâtrale pour les jeunes qui commençait à voler très bas.

Dans une mise en scène à l'égyptienne imaginée par Lorraine Pintal, chacun des quatre comédiens endosse tour à tour le rôle du parent dominateur et de l'enfant dominé, défendant avec entrain et conviction des personnages fortement opposés. La mise en scène, toujours alerte, appuie ingénieusement un texte fort qui accuse quand même quelques moments plus fragiles. Les décors d'une étonnante simplicité, une maison de carton qui se déplie et se replie à la façon d'une boîte à surprises pour reconstituer une foule de lieux différents, surprennent agréablement les jeunes spectateurs tout au long du spectacle sans jamais perdre leur efficacité.

Suzanne Lebeau a su éviter le piège de la démagogie. Dans l'arène, chaque génération lutte selon les règles du jeu. Ni avantages, ni favoritisme. L'arbitre permet à chacun des adversaires d'entrer de plein pied dans la ronde des engueulades, des marchandages, des supplications, des tergiversations et des compromis. Chez les spectateurs, grands et petits sourient chacun leur tour, un peu gênés et joyeusement surpris de s'y reconnaître.

Mais l'humour n'est qu'accessoire. Suzanne Lebeau relève le pari plus difficile d'exposer des tranches du quotidien dans un style réaliste assez pittoresque sans qu'un humour trop facile liquide complètement toutes les tensions. Les émotions restent superficielles et l'intensité dramatique n'est jamais fulgurante mais la confrontation des deux univers en cause compose un tableau convaincant.

Les petits pouvoirs ne se présente pas non plus comme une pièce à recettes et messages. Lorsque les comédiens retournent en coulisse, l'abcès n'est pas crevé. Suzanne Lebeau ne suggère même pas un remède ou un arbitrage. Elle se contente, à la toute fin du spectacle, d'illustrer une trêve. Une parenthèse durant laquelle la tendresse adoucit les moeurs, calme les tensions, permet aux guerriers de fermer l'oeil sans avoir à craindre une attaque surprise. Le rideau tombe sur un soupir d'adulte ayant jeté les armes devant l'adversaire endormi.

(Le Devoir, 23 mars 1985)

Wendy Lill; Photo zur Verfügung gestellt von: Playwrights Canada Press; 1984

Sisters

Wendy Lill

Erstaufführung	August 1989 *Ship's Company Theatre*, Parrsboro, Nova Scotia
Regisseur	Mary Vingoe
Besetzung	6 (4 Frauen, 2 Männer)
Bühnenbild	Verschiedene Handlungsorte, u.a. Haftzelle im ländlichen Nova Scotia (1969); Bauernhof (1950); Internat für Indianer (50er und 60er Jahre)
Verlag/Ort/Jahr	Talonbooks, Vancouver, British Columbia 1991
Umfang	ca. 95 Seiten
Aufführungsrechte	Patricia Ney, Christopher Banks & Associates Inc., Toronto, Ontario; Krisztina Bevilacqua, Toronto, Ontario

Die Personen

Y. MARY (YOUNG MARY)
LOUIS
GABRIEL
AGNES
MARY
STEIN

Inhaltsüberblick

Die 41jährige Nonne Mary ist wegen Brandstiftung inhaftiert. Stein, ihr Anwalt, versucht, Marys Beweggründe für die Tat zu eruieren, doch sie bleibt zunächst wortkarg. Ihre Gedanken gehen immer wieder in die Vergangenheit zurück. Einmal erinnert sie sich zurück an die Zeit, als sie 17 Jahre alt und mit Louis befreundet war. Dann denkt sie an die Zeit, als sie als Nonne zu unterrichten begann und Lehrerin an einer Schule für Indianerkinder war und mit Schwester Gabriel und Oberin Agnes zusammenarbeitete. Bisweilen, wenn Marys Erinnerungen und Gefühle besonders intensiv sind, scheinen die drei Handlungsebenen zu einer einzigen zu verschmelzen.

Ihr Widerwille zu sprechen rührt zum einen daher, daß sie aufgrund ihres langen Klosterlebens ohnehin nicht gewohnt war, viel über ihr Privatleben zu reden, zum anderen daher, daß es ihr schwerfällt, sich selbst die Gründe für ihre Tat einzugestehen. So übernimmt Stein einen Großteil der Unterhaltung und erzählt Mary aus seinem Leben, das für ihn sehr frustrierend verläuft, denn immer noch nicht ist er der Staranwalt, der er sein wollte.

Wann immer Stein glaubt, Mary nicht zum Sprechen bewegen zu können, macht er Anstalten zu gehen. Doch Mary hält ihn stets davon ab. Erst am Ende sagt sie ihm, warum sie die Schule für Indianerkinder, an der sie fast fünfzehn Jahre unterrichtet hatte, in Brand gesetzt hat. Sie war Nonne geworden, um andere zu lieben und Gutes zu tun, doch das Kloster mit seinen strengen Regeln habe sie und ihr Leben zerstört. Das habe sie schließlich dazu gebracht, das zu vernichten, was ihr Leben und das Leben vieler anderer zugrundegerichtet hatte.

Durch die verschiedenen, zeitlich versetzten Handlungsebenen dieses Stücks, die die Erinnerungen Marys spiegeln, wird deren Entwicklung von einem warmherzigen Wesen mit vielen Illusionen zu einer Person, die ohne Rücksicht auf Gefühle die Regeln des Klosters und der Schule streng befolgt, nachvollzogen.

Hintergrund und Kommentar

Sisters ist eine schonungslose Auseinandersetzung mit den Vorgängen in einer Klosterschule für Kinder von Canadian Natives. Aber das Stück ist mehr als deutliche Kritik an der sterilen Atmosphäre und den unerbittlich harten Regeln in einigen katholischen Bildungsinstitutionen in Kanada, die Schwestern und „Zöglinge" nicht selten gleichermaßen bedrücken. Es stellt ein ganzes Erziehungskonzept in Frage. Das Stück bezieht sich nicht auf eine wirkliche Begebenheit. Aber Korruptionen in Schulen wie Mont Cashel in Neufundland, deren Verfilmung auch im deutschen Fernsehen gezeigt wurde, sind durch Berichte in den Tageszeitungen hinlänglich bekannt.

Die zentrale Figur in *Sisters* ist Schwester Mary, eine Nonne, die fünfzehn Jahre lang in einer Klosterschule für Native children unterrichtet hat. Das Stück ist das aufrüttelnde und bewegende Porträt eines Individuums, das in eine übermächtige Infrastruktur gerät, die Fragen nicht mehr zuläßt und Träume im Keim erstickt. *Sisters* ist ein leidenschaftlich und ehrlich geschriebenes Stück, das die Zuschauer herausfordert, indem es ihnen die Notwendigkeit vor Augen führt, auch noch so unbequemen Fragen niemals aus dem Wege zu gehen und eine Konfrontation mit unangenehmen Antworten nicht zu scheuen.

Wendy Lill wurde in Vancouver geboren, in London, Ontario, und in Toronto ausgebildet. Sie lebte eine Zeitlang in Winnipeg und heute mit ihrer Familie in Dartmouth, Nova Scotia.

Sisters erhielt den *Labatt's Canadian Play Award* beim *Drama Festival* in Neufundland und Labrador. Eine Fernsehfassung des Stücks, für die Wendy Lill das Drehbuch schrieb, und eine Hörspielfassung wurden von *Primedia Productions* herausgebracht.

Themen

- Schein und Wirklichkeit des Klosterlebens
- Minoritätenproblematik
- Überbewertung der herrschenden Kultur
- Folgen eines entfremdeten und pervertierten Christentums

****

COVER STORY
Sisters questions Church and State hierarchy
by Sunil Mahtani

Sister, you've been on my mind. Sister, we're two a kind. Sister, I'm keepin' my eyes on you. I bet you think I don't know nothin' but singin' the blues. Oh, sister, have I got news for you. I'm someone. I hope you think that you're someone too. - from the film „The Color Purple"

LENNOXVILLE - For its first play of the year, the Bishop's University Drama Department has chosen a challenging one for both the young people involved in the production and the audience members who will view it.

Sisters, which opened last night at the Studio Theatre, revolves around Sister Mary, a nun who taught in a convent-run Native residential school for 15 years. As the play opens, she has just been arrested for burning the school to the ground.

Silent, refusing to answer her lawyer's questions, Mary turns to her memories: Herself as a young girl, her teenage boy-friend, the nuns at the school and the children to whom she dedicated her life.

As she attempts to understand why she burnt the school, the audience also begins to put the pieces together.

The result is a compelling jigsaw puzzle.

Director Ann Hodges, a recent graduate of the National Theatre School of Canada, says Mary lived within a powerful hierarchy her entire life, including the nuns, the principal of the school, the priests and the government.

When she was young, an idealistic Mary dreamt of teaching the children and really helping them. But, her dreams would soon be shattered by the infrastructure which she would have to live with.

SUCKED IN
"She got sucked into a system which suppresses questions," explains Hodges. "She became blind, she was blindly following rules. Finally, she broke down and knew she had to do something and what she did was she burnt down the school."

Michèle Connolly, who plays Mary, says *Sisters* isn't afraid to ask big questions.

"It questions the Catholic church and the church's involvement in the schools - and also the government telling them to do it," she says.

Hodges says the play could be seen as a metaphor for many situations in the world.

"It's about anyone who blindly follows without asking questions," she says.

Hodges says the play isn't based on an actual event, "but you don't have to look far in the newspapers to see corruption in schools, like Mont Cashel in Newfoundland."

HORROR STORIES

Through their research for the play, the cast and crew found many horror stories that took place in residential schools across Canada.

"None of the residential schools would allow children to speak their native language," says Connolly. At one, teachers "would even take a pin and stick it through their tongue so they couldn't speak their language."

Hodges suggests this kind of behavior shows the schools were forcing their language and customs upon Native [sic] children.

"Ever since white man arrived, there was a philosophy that the white way, my way, is the right way and that is still very prevalent," she says. "In the play, Mary must go on and it's the same with Canada. We can't shut our eyes and say, 'No, we didn't do it.' That was really a bad policy, the way we treated aboriginal people."

In the 1950s and '60s, the Canadian government formed residential schools to teach Natives and integrate them into the rest of society. Corruption and abuse were prevalent in many of these schools.

"It's a story that needs to be told," says Connolly. "It's so easy to be lost as headlines, but the play deals with Canada as a country and its people as a whole."

Of course, that kind of play is relevant at any time, but especially during our current political climate.

POLITICAL

"I think every play should be political in that it should say something about the world right now and this play is saying something about the world right now," says Hodges.

But she stresses the play is also very enjoyable.

"It's quite entertaining. There's humor and a real appreciation of the way of life in the convent and school."

Sisters was written by Canadian playwright Wendy Lill, also the author of *The Fighting Days* and *Memories of You*. Local audiences might remember her monologue *The Occupation of Heather Rose*, presented during the TheatreActiv '92 festival at Bishop's. [...]

(THE RECORD-TOWNSHIPS WEEK, October 16-23, 1992)

Daniel MacIvor, *House* (Produktion des *Théâtre Passe Muraille*); Photograph: Mike Lo;
Photo zur Verfügung gestellt von: Théâtre Passe Muraille; o.J.

House

Daniel MacIvor

Erstaufführung	Mai 1992 *Factory Theatre Studio Café*, Toronto, Ontario; Co-Produktion von *Da Da Kamera* und des *Factory Theatre*
Regisseur	Daniel Brooks
Besetzung	1 Mann
Bühnenbild	Leere Bühne
Verlag/Ort/Jahr	In: *House. Humans*, The Coach House Press, Toronto, Ontario 1992, S. 15-62
Umfang	ca. 47 Seiten
Aufführungsrechte	Patricia Ney, Christopher Banks & Associates Inc., Toronto, Ontario; Premier Artists, Toronto, Ontario

Die Personen

VICTOR

Inhaltsüberblick

House ist eine Monodrama. Die Figur des Victor fungiert mehr als Erzähler denn als Schauspieler. Er berichtet über Episoden aus seinem Leben, mit dem er sehr unzufrieden ist.

Seit zwölf Jahren arbeitet er im Büro einer Sanitär-Reinigungsfirma. Eigentlich wollte er Ingenieur werden, aber das gelang nicht, wie so viele andere Dinge in seinem Leben. Er ist verheiratet mit MaryAnn, einer Cousine dritten Grades. Er liebt sie, doch sie liebt ihn nicht und betrügt ihn schließlich mit seinem Chef, der Victor nie wahrzunehmen schien. Victor leidet sehr darunter. MaryAnn, die pervers veranlagt ist, beendet schließlich ihre Beziehung mit Victor. Zudem will Victors Chef dessen Haus kaufen, so daß Victor am Ende gar nichts mehr bleibt. Auf seine Familie kann er nicht bauen, denn seine Eltern sind höchst eigenwillig, und seine Schwester hat eine abnorme Beziehung zu ihrem Hund.

Den einzigen Rückhalt findet Victor in einer Gruppentherapie, von der er zwar nichts hält, an der er aber trotzdem regelmäßig teilnimmt, und in seinen wirren Tagträumen, die ihn in eine andere Welt entführen.

Das Stück endet mit einem dieser Tagträume, in dem Victor mit dem Bus nach Wadawhichawawa fährt. Plötzlich fangen alle Mitreisenden an zu singen, und ihr Lied handelt von einem Mann, der für seine Liebste ein Haus bauen möchte, um mit ihr glücklich darin zu leben.

Hintergrund und Kommentar

Ein Mann steht auf der Bühne. Man sieht sein knochiges Gesicht, auf das ein Scheinwerfer gerichtet ist. Er packt sich einen Stuhl und schleudert ihn wild über die Bühne. Das macht er mehrmals, bis er sich schließlich hinsetzt und den Zuschauern dafür dankt, daß sie gekommen sind und nicht vor dem Fernseher sitzen.

Alles das geschieht zu Beginn eines Stücks, in dem es keine eigentliche Handlung gibt. In einem einstündigen Monolog erzählt der Mann Episoden aus seinem Leben, mit dem er völlig unzufrieden ist. Er berichtet von seinem Vater, der auf Plakaten als der „traurigste Mensch auf der Welt" angekündigt wird; von seiner Mutter, die vom Teufel besessen ist; von seiner Frau, die ihm untreu geworden ist; von seiner Schwester, die mit Hunden tanzt. Die anekdotenhaften Berichte haben eines gemeinsam: Sie verdeutlichen seine Isolation und seine Verwirrung. Er ist ein Verlierer und verwandelt seine Lebenswelt in eine Wahnsinnslandschaft.

Victor (welch eine Ironie!) heißt der Mann, der durchaus in unserer Welt des Schnellimbiß, des Telefonsex und der Gruppentherapie lebt. Durch letztere hat er Kontakte mit Menschen, die er aber entweder haßt oder beneidet. Ein angenehmes Ambiente für seinen Chef, den er zum Dinner eingeladen hat, ist ihm jedoch die stolze Summe von $ 12,000 für eine Renovierung wert.

Victor ist als Hausbesitzer ohne seelisches Haus (= *House!*). Sein Geist bewegt sich zwischen Angst, Zorn und Kriecherei. „Was ist bloß mit mir los?", scheint er sich zu fragen - und dies wohl stellvertretend für viele andere Menschen.

Victors Sprache verrät seinen seelischen Zustand. Er kann nur bedingt artikulieren, was er sagen will. Oftmals wiederholt er - von geringen Veränderungen abgesehen - denselben Satz mehrmals hintereinander, gerät aus dem Konzept und versucht dann wieder, sich zu fangen, indem er Wörter miteinander verbindet oder assoziiert, die dann die oben erwähnten Anekdoten auslösen. Strukturell betrachtet ist *House* eine Akkumulation improvisierter Reflektionen über Liebe und deren Verlust, über Erfolg und Mißerfolg und über Gruppentherapie im Leben eines Suchenden. Ein fertiges Skript hat es ursprünglich nicht gegeben; das Stück wurde 1992 in einem Workshop als

Charakterstudie erarbeitet. Daniel MacIvor spielte selbst die Rolle Victors. *House* erhielt einen Chalmers Award als bestes Stück des Jahres 1992. MacIvor hat als Berufsschauspieler auch in Filmen mitgewirkt. Zunächst hatte er an der Dalhousie University Journalismus studiert. Zu seinen bekanntesten Stücken zählen: *Never Swim Alone, 2-2-Tango, See Bob Run* und *Wild Abandon*. Alle diese Stücke sind - wie auch *House* - kurze Stücke, deren Aufführungszeit 60 Minuten nur wenig überschreitet. Da viele Menschen heutzutage keine sonderliche Neigung haben, ins Theater zu gehen, kann man sich als Autor nicht leisten, ihnen Zeit zu stehlen - so lautet sinngemäß MacIvors lakonische Begründung.

Themen

- Geistige Orientierungslosigkeit
- Isolation und Einsamkeit
- Liebe und deren Verlust
- Suche nach dem eigenen Selbst

****

Dramatic artist confirms his status

by Vit Wagner

There is a moment about halfway through his one-man show, *House*, when the lights come up and writer-performer Daniel MacIvor's persona, Victor, begins making his way between the tables and chairs of the Factory Theatre Studio Café.

Given Victor's behavior - he has already thrown a few folding wooden chairs over the front of the stage - the audience can be excused for being a little wary of having him in their midst.

Victor walks to the back of the long, narrow theatre, gets himself a beer and returns to the stage.

The experience leaves him with this observation about the Studio Café and the more purely recreational function it performed in a previous life: "I am the single pin at the end of a bowling alley. I must be crazy."

The scene encapsulates much of what is brilliant about *House*. MacIvor and director Daniel Brooks have created a moment in which the audience is reminded that a theatrical performance, an artificial event, is taking place. And yet it is always Victor, not MacIvor, who is giving the performance.

The show [...] is an hour-long monologue told from the perspective of an isolated man whose main contacts with society are through a group therapy session attended by people he detests, a job staffed by co-workers he envies or mocks, and a marriage to a woman with whom he does not communicate.

And yet he is so desperate for acceptance and a sense of permanence that he will spend $12,000 to have his home renovated in order to properly entertain his boss for dinner.

Victor's observations spew out in a manner that ranges from semi-articulation to literary perception. He tells, for instance, of the time when, after rapping on a woman's head with his knuckles saying, "Is anybody home?" he was charged with assault. "That's assault with a metaphor," he observes.

MacIvor complements his own fine writing with a fidgety, intense performance that communicates all of Victor's fear, loathing and yearning. [...]

(THE TORONTO STAR, May 17, 1992)

Joan MacLeod; Photograph: Michael Cooper; Photo zur Verfügung gestellt von: Playwrights
Canada Press; 1987

Toronto, Mississippi

Joan MacLeod

Erstaufführung	6. Oktober 1987 *Tarragon Theatre*, Toronto, Ontario
Regisseur	Andy McKim
Besetzung	4 (2 Frauen, 2 Männer)
Bühnenbild	Gutbürgerliches Wohnzimmer in Toronto, Ontario
Verlag/Ort/Jahr	In: *Toronto, Mississippi* & *Jewel*, Playwrights Canada Press, Toronto, Ontario 1987, S.7-111
Umfang	ca. 104 Seiten
Aufführungsrechte	Patricia Ney, Christopher Banks & Associates Inc., Toronto, Ontario

Die Personen

KING: 40 Jahre alt; Jhanas Vater; Elvis-Presley-Imitator
JHANA: 18 Jahre alt; geistig behindert; mit autistischen Symptomen; arbeitet in einer Behindertenwerkstatt
BILL: 30 Jahre alt; Untermieter von Maddie und Jhana; Dichter und Teilzeit-Lektor an einem College
MADDIE: 40 Jahre alt; Jhanas Mutter; Englischlehrerin an einer High School

Inhaltsüberblick

Das Leben von Maddie, Jhana und ihres Untermieters Bill wird durcheinandergewirbelt, als Maddies Ehemann King auftaucht, der getrennt von seiner Familie lebt. Jhana hängt sehr an ihrem Vater. Die Beziehung zwischen Maddie und King ist kompliziert;

sie weiß, wie unzuverlässig und wenig hilfsbereit ihr Mann ist, dennoch kommt sie nicht ganz von ihm los. Durch Kings überraschendes Auftauchen sieht sie sich mit der Frage konfrontiert, wer sie eigentlich ist und ob sie sich nicht zu sehr an Jhana klammert, hatte sie sich doch in letzter Zeit fast ausschließlich über Jhanas Bedürfnisse definiert.

Als King ein paar Tage länger bleiben will, gerät Maddie zwischen die beiden Männer, die ihr beide viel bedeuten. Bill ist nicht nur ihr bester Freund, sondern auch eine Bezugsperson für Jhana, und er signalisiert Interesse an einer Liebesbeziehung mit Maddie.

Die gespannte Atmosphäre entlädt sich, als King sieht, wie Bill Jhana küßt und er dann Bill im Streit niederschlägt. Maddie, die hinzukommt, wirft King daraufhin aus dem Haus - dieses Mal endgültig. Aber die Fragen, die durch Kings Auftauchen an die Oberfläche gekommen sind, bleiben unbeantwortet. Alle Beteiligten werden sich damit auseinandersetzen müssen.

Hintergrund und Kommentar

Das 1987 am Tarragon Theatre in Toronto erstmals aufgeführte Stück handelt von Jhana Gladys Kelly, deren leichter Autismus, Legasthenie und Überaktivität für das liebenswerte achtzehnjährige Mädchen ein erhebliches Handicap darstellen. Die Autorin Joan MacLeod hat mit solchen Menschen in Vancouver gearbeitet, als sie dort *creative writing* studierte. Sie wurde zu ihrem Stück insbesondere durch ein Mädchen inspiriert, das sie gut kannte und deren Entwicklung zwischen dem 10. und 21. Lebensjahr sie aus nächster Nähe beobachtet hat. In MacLeods *play* geht es aber nicht nur um die Beziehung dieses Mädchens zu den Menschen in dessen unmittelbarer Umgebung. Es geht auch um Maddie, eine vierzigjährige Lehrerin, die die Fürsorge für ihre Tochter mit ihrem Willen, ein selbständiges Leben zu führen, zu verbinden versucht; auch um den Untermieter Bill, einen Universitätsassistenten, der sich als Poet ausgibt, obwohl er nur ein dünnes Gedichtbändchen zustandegebracht hat. Er ist sexuell frustriert, bemitleidet sich selbst und eine Art Ersatzvater für Jhana. Gelegentlich zeigt er aber auch eine starke Zuneigung zu Maddie, die letztlich allerdings nicht erwidert wird. Jhanas Vater hat die Familie längst verlassen; er verehrt seine Tochter, will aber keine Verantwortung für sie übernehmen. Von Beruf ist er ein Elvis-Presley-Imitator; deshalb heißt er King. Er ist das Idol Jhanas, die auch selbst versucht, Elvis' Lieder zu singen und ihn zu imitieren. Bisweilen identifiziert sie Elvis mit ihrem Vater, dann mit sich selbst, dann mit einem verstorbenen Mann. Sie verwechselt Tupelo, Mississippi, den Geburtsort Elvis Presleys, mit Toronto. Daher der Titel des Stücks! *Toronto, Mississippi* folgt der Entwicklung der Beziehung der vier Personen, die zu einem dramatischen Konflikt führt, als plötzlich King aufkreuzt. Aber Jhana ist der eigentliche Katalysator; sie ist der Spiegel, in dem die guten und die schlechten Eigenschaften der sie umgebenden Charaktere sichtbar werden.

Gord McCall, der sich für sein Debüt als Regisseur in Sudbury *Toronto, Mississippi* ausgesucht hat, kommentierte seine Wahl in der Zeitung *Northern Life* (14. April 1991) mit den folgenden Worten:

This play represents much of what I like in theatre - an excellent story, compelling characters, plenty of humour, strong emotions and a powerful blend of theatricality and moving human drama.

Was an der Oberfläche wie eine simple Geschichte aussieht (Bill liebt Maddie, die King liebt, und alle lieben Jhana), entpuppt sich als ein emotional aufgeladenes Beziehungsgeflecht, das verständnisvoll und realistisch konzipiert ist. Die Nebenhandlungen - die Animosität zwischen den beiden „Künstlern", Bill und King; ferner Bills Zuneigung zu Maddie und Maddies nach wie vor große Lust, ihr Bett mit dem unsteten früheren Ehemann zu teilen; schließlich Jhanas beginnende Sexualität - sind dem zentralen Geschehen untergeordnet. Die besondere Qualität des Stücks liegt darin, daß wir die Geschichte der Beziehungen zwischen den Charakteren mit Jhanas Augen sehen.

Toronto, Mississippi enthält dramatischen Zündstoff. Er wirft bedeutsame Fragen auf - wie etwa zum Rollenverständnis von Mann und Frau, zur Pop Culture und ihrer Wirkung auf die Verhaltensweisen der Menschen unserer Tage. *Toronto, Mississippi* ist vor allem auch ein Beitrag zur Auseinandersetzung mit der Behindertenproblematik (man denkt an *A Day in the Death of Joe Egg* aus der Feder des englischen Dramatikers Peter Nichols). Einige Kritiker sehen in MacLeods Stück schließlich eine symbolische Darstellung des (nicht immer konfliktfreien) Verhältnisses zwischen USA und Kanada.

Themen

− Behindertenproblematik (Autismus, Legasthenie)
− Unverarbeitete Beziehungen
− Unerwiderte Liebe
− Rollenverständnis von Mann und Frau
− Popkultur und Idole

****

Toronto, Mississippi 'fabulous'

By Martha Tanner

On the outside, *Toronto, Mississippi* is a simple story, a love triangle in which Bill loves Maddie loves King. But at the inside of the triangle, at the very heart of the story, is a fourth character who bounces from corner to corner, throwing the triangle off balance, spinning the story out of the realm of the ordinary and into something fabulous.

It is the kind of story that you hang onto for a long, long time. Bill loves Maddie loves King, and they all love Jhana.

Jhana is 'special'. The official diagnosis is moderately mentally handicapped, superbly dyslexic, with symptoms of soft autism. She is 18 years old. She rides the Woodbine bus to the workshop where she puts screws into little bags. She rides the bus home and touches the hair of a man who has black hair like her father, King. She gyrates to the music of The King, Elvis Presley. She confuses Toronto with Topela, Mississippi, birthplace of Elvis. Hence *Toronto, Mississippi*. She has screwed up and she isn't going anywhere, her mother screams at her in frustration.

Her mother, Maddie, loves her imperfectly, as mothers do. Even Bill, her boarder, is better with Jhana than she is, Maddie thinks.

Bill is endlessly patient, kind, unpatronizing with Jhana. He is like a big brother to her, a best friend to her mother. They fit, like the pieces of a puzzle. But when Jhana's dad and Maddie's ex visits, fresh from a stint at the Holiday Inn where he is doing his Elvis impersonation, the old Elvis pelvis knocks the pieces flying. [...]

(THE SUDBURY STAR, Friday, April 12, 1991, 19)

John Mighton, *Possible Worlds* (Produktion der *Canadian Stage Company,* 1990); Photo zur Verfügung gestellt von: Playwrights Canada Press

Possible Worlds

John Mighton

Erstaufführung	November 1990 *St. Lawrence Centre*, Toronto, Ontario; Produktion der *Canadian Stage Company*
Regisseur	Peter Hinton
Besetzung	5 (1 Frau, 4 Männer)
Bühnenbild	Verschiedene Handlungsorte, u.a. Junggesellen-Apartment, verschiedene Räume und Büros
Verlag/Ort/Jahr	In: *Possible Worlds & A Short History of Night*, Playwrights Canada Press, Toronto, Ontario 1988, S. 8-78
Umfang	ca. 70 Seiten
Aufführungsrechte	Shain Jaffe, Great North Artists Management Inc., Toronto, Ontario

Die Personen

GEORGE: zwischen 20 und 30 Jahre alt
JOYCE: zwischen 20 und 30 Jahre alt
BERKLEY: ein Detektiv
WILLIAMS: Berkleys Assistent
PENFIELD: ein Neurologe

Inhaltsüberblick

Ein vom Wahnsinn besessener Mörder geht um und stiehlt die Gehirne seiner Opfer. Wie man am Ende erfährt, ist eins davon das von George Barber. Zeitgleich mit den Untersuchungen der Polizei befindet sich George in einer alternativen Welt und trifft dort eine Frau namens Joyce. Es kommt zu vielen Begegnungen zwischen den beiden, und jede dieser Begegnungen verläuft anders als die vorherigen. George ist sich der vorangegangenen Treffen bewußt, während Joyce George jedesmal zum allerersten Mal trifft. Die Beziehung zwischen ihnen erfährt eine Steigerung. Bei der ersten Begegnung läßt Joyce George abblitzen, bei der zweiten ist sie schon interessierter, später haben die beiden eine „richtige" Beziehung, Joyce entfernt sich dann zunächst, doch in der letzten Szene sind sie friedlich und vermutlich für immer zusammen („Where will we go?" - „Everywhere.").

In der vorletzten Szene wird deutlich, daß George eigentlich längst tot ist und daß es sich bei Joyce um Georges Frau handelt, die er allerdings im Szenario der parallelen Welten für tot hält.

Es gibt keine Auflösung. Doch der Verdacht liegt nahe, daß in der realen Welt, d.h. der der Polizisten und des Zuschauers, Joyce lebt und George tot ist. Sein Gehirn aber lebt weiter und schickt ihn durch unzählige parallele Welten („possible worlds") auf die Suche nach Joyce. In diesem Fall gäbe es eine echte und viele Phantasiewelten, aber das Spiel mit der Realität, die Frage nach der Realität der Phantasie, läßt auch andere Interpretationen zu.

Hintergrund und Kommentar

Die zentrale Frage des 1989 erstmals aufgeführten Stücks *Possible Worlds* von John Mighton ist: Was macht ein menschliches Wesen zu dem unverwechselbaren Individuum, das es ist und - bei allen räumlichen und zeitlichen Veränderungen - auch bleibt. Das Thema ist also die persönliche Identität eines Menschen; die Handlung spielt in der Gegenwart.

Der Autor benutzt parallele Erzählungen, um über die Existenz paralleler Welten zu spekulieren. Was man hat, so will Mighton sagen, ist immer nur relativ gegenüber dem, was man sich vorstellen kann. Sein ausgeprägtes Interesse an Fragen der Identität und parallelen Welten, das deutliche Spuren des Einflusses von Wittgenstein und Nietzsche trägt, ist im Laufe seines vierjährigen Aufenthalts in New York in den frühen achtziger Jahren und während der Zeit seines Studiums der Philosophie und (später) der Mathematik und Physik an der Universität von Toronto gewachsen. Er ist das jüngste von sechs Kindern eines Arztes in Hamilton, Ontario.

In New York lebte er auf der Lower East Side, damals noch ein *No Man's Land*, in dem mit Drogen gehandelt, Häuser besetzt und von versponnenen Leuten Kunstgalerien eröffnet wurden. Mighton hörte von alledem und dachte, er könne darüber Stücke schreiben, die absurde Züge trügen und doch auf realen Ereignissen basierten. Vier Kurzdramen hat er dann tatsächlich geschrieben.

Possible Worlds hat eine seiner Wurzeln in den Forschungsarbeiten amerikanischer Wissenschaftler in den fünfziger Jahren, die zu dem Ergebnis kamen, daß die Spaltung des Hirnstammes epileptische Anfälle verhindern kann. Daraus ergab sich für die Philosophie eine Serie von Fragen: Wenn man eine der zwei Hälften eines menschlichen Gehirns mit denselben Erinnerungen und Dispositionen in einen anderen

Menschen verpflanzte, welches der beiden Individuen würde dann als die ursprüngliche Person gelten? Was macht eine Person zu ein und derselben Person über alle Zeiten hinweg? Wie könnte unsere Welt auch anders sein? Physiker sprechen von parallelen Welten, Wirtschaftler konstruieren Modelle für ökologisch und ökonomisch bessere Welten, Philosophen stellen (sich) alternative Welten vor.

Mighton knüpfte an die Entdeckung an, daß die beiden Hälften des menschlichen Gehirns funktionieren können - mit völlig eigenständigem Bewußtsein -, auch nachdem der Hirnstamm gespalten wurde. Er rückt ab von der Auffassung, daß es eine linke Seite des Gehirns gibt, die Sprache und logisches Denken bestimmt und eine rechte, die für Kreativität, Emotionen und Phantasie zuständig ist. *Possible Worlds*, sein imaginatives *what-if*-Drama, stemmt sich gegen das konventionelle Entweder/Oder- bzw. „Rational versus Emotional"-Denken, demzufolge ein mathematisches Genie nicht auch ein Künstler und ein künstlerisches Talent niemals gleichzeitig auch Mathematiker sein könne. Diese angenommene Trennung sei eine Idee des 20. Jahrhunderts. Sicherlich hat auch seine Arbeit in Tutorien sogenannter *underachievers* (Schüler mit geringerem Leistungsniveau), die kein Vertrauen in ihre Fähigkeit haben, mathematische und physikalische Zusammenhänge zu verstehen, Mighton stark beeinflußt und ihn zu den Fragen gebracht, ob es eine angeborene Intelligenz gibt.

In Interviews hat der Autor immer wieder darauf verwiesen, daß beispielsweise auch Shakespeare und die *metaphysical poets* für ihre Metaphern Anleihen bei den Naturwissenschaftlern gemacht hätten. Bei ihnen gebe es keine Trennungslinie zwischen Gefühl und Verstand, zwischen Kopf und Herz. Mighton selbst hat die Metapher von verschiedenen Möglichkeiten der Welt (*possible worlds*) bemüht, um das imaginative Potential des Menschen auszuloten und die Grauzonen zwischen Identität und Vorstellung, zwischen realer und imaginierter Welt aufzuhellen.

Possible Worlds ist keineswegs - wie man nach diesen Ausführungen vermuten möchte - ein inhaltlich zwar interessantes, aber wenig bühnenwirksames, weil theoretisches, abstraktes und trockenes Bühnenstück. Ironie, Absurdität und Humor machen die Würze des Handlungsgeschehens aus, und ein zweiter Handlungsstrang trägt Züge einer dramatisierten Detektivgeschichte. Während sich in dem einen Strang, Joyce und George, ein junges Paar zum ersten Mal - so scheint es - in einem Café, dann in einer Bar, dann am Strand treffen, ist in dem anderen ein Detektiv auf der Suche nach einem Serienmörder, der die Gehirne seiner Opfer vernichtet. Joyce und George sind durch eine seltsame Romanze miteinander verbunden, wobei Joyce in zwei parallelen Welten lebt - sie ist Neurologin, aber auch Finanzmaklerin - zwei Identitäten, mit denen George keine Probleme hat, denn auch er lebt in verschiedenen *possible worlds*. Der Detektiv findet das Gehirn eines Ermordeten, das als Teil eines wissenschaftlichen Experimentes weiter funktioniert. „Ihr Mann lebt. Wir haben sein Gehirn in einem Schrank gefunden. Es ist an ein Beatmungsgerät angeschlossen. Was sollen wir mit ihm machen?", sagt der Detektiv zur Witwe des Ermordeten. Und sie entgegnet: „Stiften Sie es der Wissenschaft!" Verschiedene grausame Momente in *Possible Worlds* verleihen dem Stück einen „bizarre comic book aspect", wie ein Rezensent formulierte.

Das Ende der „Detektivgeschichte" ist keineswegs so, wie man es normalerweise erwartet. Hier gibt es keine Fährten oder vermutete „alternative Welten", die sich schließlich alle als falsch erweisen, weil sich am Ende die richtige Lösung herauskristallisiert. Mightons Stück ist mehrdeutig. „Es gibt eben verschiedene denkbare Erklärungen für das, was geschehen ist", sagt der Autor, und: „Wir möchten wissen, was einen Menschen zu dem macht, was er ist. Aber seine solche Frage liegt soweit jenseits unserer Intelligenz, daß alle Versuche, diese Frage zu beantworten, komisch wirken." Es stimmt wohl, daß sich Kanadier meist sehr ironisch mit ihrer eigenen Welt auseinandersetzen. Sie neigen dazu, hochfliegende Ideen und grandiose Ereignisse mit kleinen und absurden Bemerkungen zu kommentieren.

Themen

- Der Mensch als unverwechselbares Individuum
- Beziehung zwischen Wirklichkeit und Imagination
- Die zwei Hälften des menschlichen Gehirns
- „Rational" und „Emotional" - ein Entweder/Oder?
- Bestimmung der Identität des Menschen

****

Hamilton-born John Mighton writes the 'what-if' of theatre

By Stewart Brown

TORONTO - Hamilton-born playwright John Mighton deals not so much in sci-fi as in med-spec.

That's short for medical-speculation, and for proof, look no further than Mighton's most recent work, *Possible Worlds*, a Twilight-Zone examination of identity and imagination that suggests not so much split personalities as split worlds.

The play's best joke, tongue hugely in cheek, carries the brain-dead criterion for death to its logical, but far-fetched extreme. A murder victim's brain has been discovered, still functioning, as part of a mad scientist's experiment.

"Your husband's alive. We've found his brain in a cupboard hooked up to a life-support system," a detective tells the widow. "What'll we do with it?"

"Donate it to science," she says.

That murder is one in a series of gruesome killings in *Possible Worlds*. Along with this bizarre, comic-book aspect, involving a couple of perplexed policemen, runs a strange romance between Joyce and George.

It's strange because Joyce is seemingly two people - a circumspect neurologist and an extroverted stockbroker - living in parallel universes. George loves both identities and that's no problem, because *he* lives in an infinite number of possible worlds.

"I am everybody. I know everything," George says. "I am the collection of people I call me."

That can be unsettling. George is the kind of guy who says: "Heaven's very strange. I'd go there again, but I'd pack differently."

Possible Worlds, then, is sardonic, offbeat theatre-of-ideas - all the more so in director Peter Hinton's unconventional theatre-in-the-rectangle staging, surrounded by the audience.

The play is sometimes baffling, consistently intriguing and often amusing as author Mighton fleshes out the notion that "what you have is always relative to what you can imagine." [...]

Mighton says that *Possible Worlds*, his current play, was inspired by the 1950s discovery that the two hemispheres of the brain could operate with independent consciousnesses, even when the stem was split.

"Philosophers picked up on that and asked if you could get two halves of the brain, both of them having the same memories and disposition to act, and you transplanted one, which one would be you?..." It's still a debate that is raging in philosophy.

"But the play is not about splitting the brain. The issue is personal identity. A lot of philosophers have asked what it is that makes you the same person through all these changes. And in both science and philosophy, the idea of possible worlds has become quite central lately. Even some physicists are saying there is some evidence of parallel universes.

"I wanted to take these metaphors of possibility and use them to comment on personal identity and the nature of the imagination and its role, especially in love." [...]

(THE HAMILTON SPECTATOR, Wednesday, November 14, 1990, 1.3)

Daniel David Moses; Photograph: Chris Buck; Photo zur Verfügung gestellt von: Playwrights
Canada Press; 1989

Almighty Voice and his Wife

Daniel David Moses

Erstaufführung	20. September 1991 *Great Canadian Theatre Company*, Ottawa, Ontario
Regisseur	Lib Spry
Besetzung	2 (1 Frau, 1 Mann)
Bühnenbild	Verschiedene Handlungsorte, u.a. Prärie; Oktober 1895 - Mai 1897; Bühne in einer verlassenen Schule
Verlag/Ort/Jahr	Williams-Wallace Publishers, Stratford, Ontario 1992
Umfang	ca. 97 Seiten
Aufführungsrechte	Patricia Ney, Christopher Banks & Associates Inc., Toronto, Ontario

Die Personen

ALMIGHTY VOICE: im 1. Akt ein junger Cree-Indianer; Mitte 20; später dessen eigener Geist

WHITE GIRL: im 1. Akt eine junge Cree-Indianerin; Teenager; Frau von Almighty Voice; im 2. Akt Ansager einer Show

Inhaltsüberblick

Kanada im 19. Jahrhundert: Almighty Voice wirbt um das intelligente, praktisch veranlagte White Girl, das in einer weißen Schule erzogen wurde. White Girl ist sich darüber bewußt, daß die Zeichen für Indianer auf Sturm stehen und versucht mit allerlei Tricks, Almighty Voice vor Göttern und Menschen zu beschützen. Doch der Mann ist jung und stolz, und obwohl er weiß, daß die Polizei hinter ihm her ist, schießt er auf einen *Mountie* und muß fliehen. White Girl - bereits schwanger - bleibt zurück, um ihm nicht zur Last zu fallen. Als das Baby geboren ist, wird Almighty Voice an einem weit entfernten Ort angeschossen. Als er dann stirbt, sieht er in einer Vision seinen neugeborenen Sohn.

Der 2. Akt beginnt mit einer Indianer-Show, mit Tänzen, Gesang und Geschichten. Almighty Voices Geist ist der einzige Darsteller. Zunächst erzählt er etwas widerwillig seine Geschichte und führt ein paar Tänze vor. Aber allmählich übernimmt er die Kontrolle, bezieht den Ansager immer mehr in die Show mit ein und läßt ihn schließlich allein seine Geschichte erzählen. Dabei verliert der *Interlocutor* nach und nach seinen „weißen" Charakter, verwandelt sich in einen Indianer und wird schließlich zu White Girl. Während Almighty Voices Geist in dem dunkler werdenden Bühnenlicht einen letzten Festtanz aufführt, entfernt White Girl ihre weiße Schminke und ihr Kostüm und präsentiert sich als Indianerin mit ihrem Baby dem Publikum.

Hintergrund und Kommentar

Daniel David Moses ist ein Delaware-Indianer aus den *Six Nations Lands* im südlichen Ontario. Er lebt seit vielen Jahren in Toronto. Weitere Stücke aus seiner Feder sind u.a. *Coyote City, Big Buck City* und *The Dreaming Beauty*.

Das 1991 geschriebene *play* mit dem Titel *Almighty Voice and his Wife* basiert auf einer Geschichte, die vielen Natives in Kanada bekannt ist, auf die Moses aber erst in den frühen achtziger Jahren stieß. Die gängige Version handelt von einem spitzbübischen jungen Indianer, der im Jahre 1895 in polizeilichen Gewahrsam gebracht wurde, weil er eine Kuh erschossen hatte. Dort erlaubte sich jemand einen Scherz mit ihm, indem er ihm erzählte, daß das Töten einer Kuh mit dem Tod durch Erhängen bestraft werde. Daraufhin floh der junge Mann. Als ein Polizist ihn ausfindig machte, ergab er sich nicht etwa, aus Furcht vor dem Strang, sondern erschoß den Polizisten. Er galt von da an als Geächteter und versteckte sich mit zwei Kumpanen während der nächsten eineinhalb Jahre. Seine Frau war eine Zeitlang bei ihm. Schließlich gingen die drei Gesuchten doch der Polizei ins Netz, töteten dabei einige der Polizeibeamten, kamen dann aber selbst durch die herbeigerufene Kavallerie zu Tode. Keiner weiß, wo sie begraben wurden.

Almighty Voice lebte zu der Zeit in Saskatchewan, als ein Teil der ersten Generation der Natives gezwungen wurde, in Reservaten zu leben und gegen diese Maßnahme und insgesamt gegen die drohende Gefahr der Vernichtung ihrer Kultur rebellierte.

Daniel David Moses hat bei der Konzeption seines Bühnenstücks eine zusätzliche Dimension in die Geschichte eingefügt, indem er White Girl, Almighty Voices Frau, porträtiert. Das Stück besteht aus zwei gänzlich verschiedenen Akten. Der erste Akt erzählt die Geschichte der beiden jungen Leute; Almighty Voice ist neunzehn, White Girl zwölf Jahre alt. White Girls Odyssee steht im Zentrum des zweiten Aktes. Sie muß in eine von Weißen geführte Schule gehen und wird dort mit christlichem Gedankengut und der Lebensweise der Weißen konfrontiert. Sehr bald läuft sie Gefahr, ihre Herkunft als Native hinter sich zu lassen.

Moses geht es in seinem Stück auch um die Darstellung der Liebe zwischen Almighty Voice und White Girl. Diese schlägt sich aber nur in kleinen Vignetten nieder, welche den beiden Haupthandlungssträngen untergeordnet sind, die sich ihrerseits zu einer Darstellung des durch Weiße verursachten langsamen Aussterbens der indianischen Kultur zusammenfügen.

Aufbau und Aussage des Stückes mögen nichts Neues sein, dies gilt aber durchaus für die dramaturgische Konzeption. Die Inszenierung des etwas langatmigen ersten Aktes von *Almighty Voice and his Wife* verlangt nach modernen Aufführungstechniken. Denn neun kurze Szenen müssen neun Episoden aus dem Leben der beiden Figuren spiegeln. Bald ersetzen Tanz, rhythmische Gesänge und Trommeln den nicht vorhandenen Text; dann gibt es wiederum Dialogpartien, längere Ausführungen oder nur knappe Aussagen. Einige Theaterkritiker in Kanada gehen in ihren Rezensionen so weit, daß sie den ersten Akt als Transformation des Lebens von Almighty Voice und White Girl in eine Legende verstehen. Die Darstellung läßt in der Tat die Alltagsrealität hinter sich und verliert sich so nicht in Klischees.

Der zweite Akt ist ein starker Angriff auf die „Kultur" der Weißen in einer Art amerikanischer *minstrel show*, die als Metapher für die *mainstream culture* und deren Einstellung gegenüber Natives fungiert. Die beiden indianischen Akteure des ersten Aktes treten nun als Clowns auf. White Girl spielt einen weißen Mann (ihr Gesicht ist weiß bemalt) und verkörpert die Kräfte, die dabei sind, die indianische Kultur zu vernichten. Daniel David Moses hat die *minstrel show* offensichtlich sehr sorgfältig recherchiert und dann gezielt ins Gegenteil verkehrt. Während in der *minstrel show* weiße Schauspieler mit schwarzem Make-up auftreten und sich dann in schrecklicher Weise zum Ergötzen der Weißen über die Schwarzen lustig machen, tritt in *Almighty Voice and his Wife* White Girl als weißer Zeremonienmeister auf und bemüht tanzend und lachend alle gängigen Klischees von Indianern.

Almighty Voice aber ist als *Ghost* eine Karikatur seiner selbst. White Girl (hier ein *white man*) als *Interlocutor* läßt ihn tanzen und macht sich über ihn lustig, als er erzählen will, wie er zu Tode gekommen ist.

Durch die Zeitversetzung und den damit verbundenen Bruch zwischen den beiden Teilen des Stücks, die mit einem Stilbruch einhergehen und durch das Ende, an dem sich Almighty Voice und seine Frau in die ursprünglichen Charaktere zurückverwandeln, erzielt Daniel David Moses eine Publikumswirkung, die den Schock nachempfinden läßt, den die Kolonisierung bei den Natives auslöste. *Almighty Voice and his Wife* führt (am Beispiel der Behandlung von Natives durch Weiße) deutlich vor Augen, was mangelnde Bereitschaft, Fremdes zu verstehen und das Festhalten an nicht reflektierten Stereotypen im Verhältnis zu verschiedenen Kulturen bewirken und anrichten können. (Vgl. hierzu auch die Ausführungen zu *Fronteras Americanas* von Guillermo Verdecchia in diesem Buch.)

Themen

- Selbstverständnis der Indianer
- Behandlung der indianischen Ureinwohner
- Rolle der Indianerfrauen
- Rebellion gegen Unterdrückung
- Fremdheit und Stereotypen

****

Native writer's pencil takes him back to land

by Mira Friedlander

Moses became a writer partly because paper and pencil were the least expensive artist's tools he could think of.

"I have a practical streak in the sense of making things happen," says the Delaware Indian playwright.

"And it seemed to me that if I was going to be an artist, I'd better *be* practical. I think it comes from having lived on a farm as a kid and having to co-operate with nature.

A farm on a reserve is built to fail," says Moses, who grew up on the Six Nations reserve near Brantford.

"It was a real struggle and I still remember getting up in the morning for the first 12 years of my life and tending to chores."

Neither one of Moses' first two full-length plays - *Coyote City* (nominated for a Governor-General's award) and last season's *Big Buck City* - deal with his own rural background. Both are about middle-class, mainstream dilemmas in which the new and the old aboriginal worlds collide.

"I wanted to look at human values that have taken hundreds of thousands of years to develop into a society, only to be ripped apart in one century by an economic system that works to isolate people and turn everyone into a good consumer."

"People are now aching for other things and they don't know where to turn to get them."

Moses' newest work - *Almighty Voice and his Wife*, which opens Thursday at the Native Canadian Centre, 16 Spadina Rd. - looks at some of those other things and, in the process, finally takes him back to the land.

"I first came across *Almighty Voice* when I was working in the cultural centre and I was compelled by the story and the injustice of the events. I knew that eventually I would write something."

"The usual version is about a wild, roguish young man who shot a cow and was thrown into the guardhouse to teach him a lesson. While he was there, someone decided to play a joke on him and told him that killing a cow was a hanging offence."

"So he escaped. When he was hunted down, he refused to surrender for fear of hanging and shot the policeman. That made him an outlaw and for the next year and a half, he and two others hid from the police."

Moses was intrigued when he learned that Almighty Voice's wife was with him for part of the time and wrote her into the play.

"They were finally cornered but managed to wound and kill several officers, until the cavalry came to the rescue with a cannon. That put an end to them."

"Here's another case of police brutality that escalated into a nightmare. The themes and parallels to today are implicit in the story. During rehearsals, one obvious word was dropped into the text by an actress and I left it in."

That word is "Lasagna", nickname of one of the Oka warriors.

"I wanted to step back and look at the process of systemic racism. Where does it start? It's one thing to be afraid of strangers, another to legislate people's existence."

Moses, a gentle and articulate man, began writing early, after deciding in high school that he would be an artist. He and three others from the reserve went to an academic high school, where they initially had to deal with being separated from friends who went to vocational schools.

But he hung out "with a solid group of artsy academic achievers and had the respect of the jocks." Bright and academically well-rounded, in his final year he studied English, French, Latin and math "because it was easy for me and I wanted to make sure I maintained a high average."

Moving on to York University, he set up his own creative writing course as he went along because there wasn't one. Upon finishing his degree, he was invited to the University of British Columbia to do post-graduate work.

His first decade out of school was spent writing books and poetry, both of which he still does. Five years ago, he finally turned to playwriting. [...]

(THE TORONTO STAR, February 7, 1992, 6)

John Murrell; Photograph: Matthew Budgeon; Photo zur Verfügung gestellt von: John Murrell; o.J.

Farther West

John Murrell

Erstaufführung	22. April 1982 Produktion des *Theatre Calgary*, Calgary, Alberta
Regisseur	Robin Phillips
Besetzung	11 (4 Frauen, 7 Männer)
Bühnenbild	Verschiedene Handlungsorte in Ontario, British Columbia und North West Territories; 1886 bis 1892
Verlag/Ort/Jahr	In: *Farther West, New World.* Two Plays by John Murrell, Coach House Press, Toronto, Ontario 1985, S.11-93
Umfang	ca. 82 Seiten
Aufführungsrechte	John Murrell, 129-10th Avenue, N.E. Calgary, Alberta T2E OW8

Die Personen

MAY BUCHANAN
A MAN IN BED WITH HER
THOMAS SHEPHERD
SEWARD
VIOLET DECARMIN
NETTIE McDOWELL
LILY REEVES
BABCOCK
ROSS
RAGLAN
HANKS

Inhaltsüberblick

May wurde schon als Vierzehnjährige von ihrem Vater aus dem Haus geworfen, weil sie gegen Bezahlung mit Männern schlief. Nun befindet sie sich auf einer Reise „westwärts" (*farther west*), denn ihr Vater hatte ihr eingeredet, daß sie dort einen Ort finden könne, wo es keine Moral gebe. Im Sommer 1888 trifft sie in Calgary auf Violet, die ihr Geld ebenfalls als Hure verdient. May wird bald Leiterin eines Freudenhauses, in dem außer ihr und Violet auch noch Lily und Nettie arbeiten. Als Ross, der Assistent des sittenstrengen Polizisten Seward, durch einen Trick May als Leiterin eines Bordells entlarvt, entgeht sie einer Verhaftung, weil Seward ihren Verführungskünsten erliegt.

Einem weiteren Versuch Sewards, sie festzunehmen, entzieht sich May, indem sie gemeinsam mit Thomas Shepherd flieht, mit dem Seward sie beim Geschlechtsverkehr auf freiem Feld erwischt hat. Shepherd liebt May und möchte sie heiraten. Auch Seward fühlt sich gegen seine moralische Überzeugung stark zu ihr hingezogen.

Neun Monate lang lebt May mit Shepherd in Sheep River, North West Territories. Doch im Sommer 1891 treibt sie ihr Freiheitsdrang dazu, weiterzuziehen Richtung Westen. In einem Streit schießt sie Shepherd, der sie nicht gehen lassen will, in die Schulter und flüchtet.

Im Winter desselben Jahres arbeitet May in Vancouver wieder gemeinsam mit Violet als Hure. Eines Tages aber macht Shepherd sie ausfindig und will, daß sie ihm folgt. In dem sich anschließenden Streit greift May wieder zur Pistole, doch dieses Mal kommt Shepherd ihr zuvor. Im Alkoholrausch, gepaart mit tiefer Verzweiflung, schießt er sie an. May stellt sich tot und erschießt Shepherd, als er ihren vermeintlichen Tod betrauert.

Doch auch May ist lebensgefährlich verletzt worden. Sie läßt sich von Violet in den Hafen bringen, der für sie das Symbol der Freiheit ist. Dort wird sie von Seward aufgespürt, der inzwischen wegen seiner fanatischen Verfolgung Mays vom Polizeidienst suspendiert worden ist. Er ist aber noch immer besessen von dem Gedanken, sie zu verhaften. Doch als er - trotz Violets Versuchen, ihn abzuhalten - mit der Pistole auf May zielt, stellt er kurz darauf fest, daß diese bereits gestorben ist. Er schiebt das Boot ins Wasser und gibt May die Freiheit, die sie immer haben wollte.

Hintergrund und Kommentar

John Murrell, der Autor von *Farther West*, wurde in den USA geboren, lebt aber schon seit längerer Zeit in Calgary. Bereits in den siebziger Jahren hat er enge Beziehungen zu den Theatern in dieser Region geknüpft. Sein Umfeld ist die kanadische Prärie, aber seine *plays* werden in verschiedenen Teilen der Welt aufgeführt. Das gilt insbesondere für *Memoir* (1978), ein Stück über den letzten Sommer von Sarah Bernhardt. Es wurde in mehr als ein Dutzend Sprachen übersetzt und mit großem Erfolg in europäischen und südamerikanischen Ländern inszeniert.

Farther West ist ein episches Stück über eine Prostituierte aus Calgary auf der Suche nach Unabhängigkeit und Selbstbestimmung. Es basiert - wenngleich nur lose - auf historischem Geschehen. Im Jahre 1886 verließ die Prostituierte die Provinz Ontario und gelangte über Calgary und die North West Territories nach Vancouver und an die pazifische Küste, wo sie 1892 starb.

Murrell blendet in *Farther West* die für einige seiner anderen Stücke charakteristische europäische Perspektive aus und richtet seine ganze Konzentration auf mythische und moralische Aspekte des Lebens im kanadischen Westen. May Buchanan ist der Name der Prostituierten. „Go West!" heißt ihre Devise. Auf der Suche nach ihrer eigenen Identität zieht sie Schritt für Schritt nach Westen, gerät in Zweifel über sich selbst, stellt aber niemals die Motive ihrer Lebensführung in Frage. Sie reizt alle ihr sich bietenden Möglichkeiten aus, je weiter sie nach Westen kommt, um die Reichweite ihrer Identität zu testen. Wer bin ich? und: Wer könnte ich sein? Diese Fragen leiten und begleiten sie. (Hat Murrell hier wohl auch Sarah Bernhardt im Sinn?). Seward symbolisiert in *Farther West* die Autorität und traditionelle Moral des 19. Jahrhunderts, die den Zweifeln des 20. Jahrhunderts Platz gemacht haben.

„Next?" ist Mays erste Äußerung in Murrells Stück: Was - oder besser: Wer - kommt als nächstes(r)? „Next" zieht sich leitmotivisch durch Mays Leben. Die Vergangenheit will sie hinter sich lassen, die jeweilige Gegenwart wird für sie - auf der Suche nach einer (ungewissen) Zukunft - immer schnell zur Vergangenheit. Das auf totale Freiheit und völlige Unabhängigkeit gerichtete *going west* der Prostituierten führt schließlich zu erschreckenden Szenen mit Mord und Gewalttaten. In Erinnerung bleibt am Ende von *Farther West* das Bild von der toten May in einem Ruderboot, das noch weiter nach Westen - in den Ozean - getrieben wird.

Was dieses Stück besonders kennzeichnet, ist die facettenreiche Sprache, die gelungene Zusammenfügung der Bilder sowie die Musik und Liedpassagen, die die Handlung unterstreichen. Weitere Stücke von Murrell sind *Waiting for the Parade* (1980), *New World* (1986), *October* (1988) und *Democracy* (1991).

Themen

- Der Traum vom „Westen"
- Ruhelosigkeit und Freiheitsdrang
- Moral und Suche nach Selbstbestimmung
- Gegenseitige Abhängigkeit von Menschen
- Prostitution, Mord und Gewalt

****

Writer's vision shines through grime

by Robert Crew

On Tarragon Theatre's door there's a warning about gunshots; inside, near the front-row seats, there's another warning about flying mud. Perhaps there should be a third warning. John Murrell's *Farther West*, which opened last night, is not for the faint of heart or for those unable to face wrenching emotional trauma. For those who can, it's as rich and intense an evening of theatre as they are likely to see this year, or perhaps any year.

This is only the second production of *Farther West*. The first, directed by Robin Phillips in Calgary in 1982, was stylized and minimal.

Realistic set

The tone of this new production, directed by Duncan McIntosh, is established from the outset by Cameron Porteous' daring, grittly realistic set and costumes.

The audience is on three sides of an expanse of sand, with a bed on a sliding platform. At one point in the action, a grimy little creek is created. Later, the set becomes a seedy little room in Vancouver, reeking with the smell of an oil lamp and with rain cascading down outside.

The play opens behind a veiled curtain of memory. It is the summer of 1886 in Rat Portage, Ont., and a naked woman called May Buchanan (Nora McLellan) is recalling her past lovers while her latest man lies asleep beside her.

The curtain is whisked away. Welcome to the real world of the Wild West, full of painted ladies of doubtful virtue, rough, tough men and tattered, filthy clothes.

The play, subtitled simply "A Romance", is an epic tale of obsession, of yearnings for personal freedom and self-determination. May is a loner, looking for a "God-forsaken place where there's no rules - no laws, no judges." Her search takes her "farther west" - to an inevitable conclusion.

Invites comparisons

The two men whose destinies are interwoven with that of May counterpoint this melody - operatic in style and approach, Murrell's remarkable work invites comparisons with music.

Both Thomas Shepherd (Geordie Johnson) and Seward (Richard Monette) are obsessed with May. Shepherd loves and idealizes her and wants to cage her by settling down in a nice little home somewhere.

Seward's motives are more complicated. He is a passionate zealot, anxious to punish May for her sins yet drawn to her sexually. The result of this tangled triangle is tragedy - and liberation. [...]

(THE TORONTO STAR, February 19, 1986)

John Murrell, *Farther West* (Produktion des *Tarragon Theatre*, 1985/86); Photograph:
Michael Cooper; Photo zur Verfügung gestellt von: Tarragon Theatre

Morris Panych; Photo zur Verfügung gestellt von: Playwrights Canada Press; 1992

7 *Stories*

Morris Panych

Erstaufführung	Mai 1989 *Arts Club Theatre*, Vancouver, British Columbia
Regisseur	Morris Panych
Besetzung	13 (6 Frauen, 7 Männer); mögliche Verteilung: 5 Schauspieler
Bühnenbild	Die Handlung spielt auf dem Fenstervorsprung eines Apartmenthauses im 7. Stock
Verlag/Ort/Jahr	Talonbooks, Vancouver, British Columbia 1990
Umfang	ca. 101 Seiten
Aufführungsrechte	Patricia Ney, Christopher Banks & Associates Inc., Toronto, Ontario

Die Personen

MAN

CHARLOTTE
JOAN
NURSE WILSON

RODNEY
MARSHALL
PERCY

JENNIFER
LILLIAN
RACHEL

LEONARD
AL
MICHAEL

Inhaltsüberblick

Ein Mann, dessen Name nicht genannt wird, steht in der siebten Etage eines Gebäudes auf dem Fenstersims und will sich in die Tiefe stürzen. Doch ständig wird er bei der Umsetzung seines Vorhabens von Bewohnern jener siebten Etage gestört. Dabei scheint keiner dieser Mieter zu erkennen, welche Intention der Mann auf dem Fenstersims verfolgt. Statt ihm zu helfen, behelligen sie ihn mit ihren eigenen Problemen, fragen ihn nach seiner Meinung zu bestimmten Dingen und verschwinden schließlich wieder hinter ihren Fenstern. So zum Beispiel Rodney und Charlotte, ein Liebespaar, das Gefallen daran findet, den Partner nur aus Spaß beinahe umzubringen, oder der gestörte Psychiater Leonard, der stets alles falsch auffaßt und sich angegriffen fühlt, oder Marshall, der seine Persönlichkeit verschleiert, weil er meint, seiner zukünftigen Frau gefielen nur diese Verkleidungen und nicht sein wahres 'Ich', welches sie gar nicht kennt.

Im Laufe des Dramas kristallisiert sich heraus, daß jeder Bewohner des Hauses verrückter ist als der Mann, der Selbstmord begehen möchte. Am Ende wird er mit Lillian konfrontiert, einer pflegebedürftigen hundertjährigen Dame, die ihm rät, doch endlich zu springen, wenn dies wirklich sein Wunsch ist. Der Sprung müsse ja nicht unbedingt nach unten führen; er solle sich einfach vom Wind tragen lassen, dann könne er schon fliegen. Der Mann springt tatsächlich und fliegt mit Hilfe seines Regenschirms auf den Fenstersims eines anderen Gebäudes, landet und fliegt wieder zurück. Er will Lillian das Erlebte mitteilen, doch die ist in der Zwischenzeit gestorben. So bleibt er auf dem Fenstersims stehen und wartet auf den nächsten Windstoß.

Hintergrund und Kommentar

Morris Panych wuchs in der Provinz Alberta auf, ging nach British Columbia, studierte dort und graduierte 1977 an der University of British Columbia. Danach besuchte er eine avantgardistische Theaterschule in London und arbeitete eine Zeitlang am Grips Theater in Berlin. Er hat eine Reihe von Bühnenstücken geschrieben, u.a. *The Cost of Living* und *The Ends of the Earth*. *7 Stories* war das erste seiner Stücke, das er auch selbst inszenierte.

Panych war immer schon - wie er selbst sagte - an philosophischen Fragen zum Suizid interessiert. („Nach vorn zu gehen bedeutet auch das zurückzulassen, an das wir glauben".) *7 Stories* ist Ausdruck seiner Suche nach dem Sinn des Lebens. Der Mann auf dem Fenstersims in der siebten Etage wird durch Ereignisse und Verzweiflungstaten an den anderen Fenstern am Selbstmord gehindert. Er schlüpft in die Rolle des Beraters, des Vertrauten und dessen, der dagegen hält, ohne daß jemand ihn in seinen Nöten wahrnimmt, geschweige denn einen Gedanken an ihn verschwendet. Während alle anderen von Angst getrieben und nur auf sich selbst fixiert sind, ist Man der einzige auf der siebten Etage, der sich auf andere einläßt.

Die Geschichten der Menschen an den anderen Fenstern summieren sich zu einem Ganzen, das existentielle Verzweiflung spiegelt, die Funktionen menschlicher Beziehungen problematisiert und unerwartete freudebringende Hoffnung spendet. *7 Stories* ist komisch, farcenhaft und ernst zugleich: eine Versammlung parodistischer Sketche, die - jeder auf seine Weise - die zentrale Frage des Stücks beleuchten. Und das auf derselben Ebene eines Apartmenthauses!

Ursprünglich sollte - so wird berichtet - ein Aufzug Schauplatz der Handlung sein, wobei Man überall dort, wo der Aufzug hielt, mit jeweils anderen Menschen und deren Problemen konfrontiert worden wäre. *7 Stories* lebt von schnell nacheinander ablaufenden Dialogen. In Kanada, im Arts Club Theatre in Vancouver, wurde das Stück ohne Unterbrechung gespielt (90 Minuten). An die fünf Schauspieler werden hohe Erwartungen gestellt. Vier von ihnen müssen jeweils drei Rollen spielen. Hinzu kommt ein Darsteller für die zentrale Rolle des Mannes am Fenster. Von allen wird verlangt, daß sie permanent zwischen Realität und Komik oszillieren.

Die CBC (Canadian Broadcasting Corporation) in Vancouver faßte ihr Lob für dieses Stück mit den folgenden Worten zusammen: „Panych mischt Magritte, Sartre, Woody Allen und das Buch *Hiob* mit Buster Keaton und magischem Realismus: eine ganz besondere Chemie mit ganz besonderer Wirkung".

Themen

- Suche nach dem Sinn des Lebens
- Normalität und Wahnsinn
- Anonymität und Egoismus in der Großstadt
- Suizid

****

Many worlds on a narrow ledge
by Ray Conlogue

Morris Panych's play is called *Seven Stories*, and it comes to Toronto after its Vancouver premiere last year with high praise. The praise is deserved.

The piece could be described as an extended comic skit, so long as you allow that *Waiting for Godot* could be described the same way. It depicts one floor - the seventh - of an apartment building, although you don't immediately realize this because the wall, window shades and narrow ledge are painted in blue skies and scudding clouds so as to blend into the skyscape.

Very quickly a window shade flies open and an odd fellow in black suit and bowler hat clambers on to the ledge, intent on suicide. But before he can launch himself, another shade flies up to reveal a man and woman locked in a death struggle. This is the first of many windows flying open, and many tales emerging from them, so that the would-be victim, an imperfect Scheherazade, finds his life being prolonged by stories whether he will or no.

Morris Panych has made one adroit decision that preserves the enterprise: The would-be self-annihilator is not, as one might expect, bitter or weepy or distraught. He is beguilingly polite and his sympathy easily engaged.

It quickly emerges that he is the only person on the seventh floor who is relating to anybody else. When a shot is heard in the apartment of the quarrelling [sic] couple, played by Peter Donaldson and Tanja Jacobs, a neighbour (Stephen Ouimette) hastens to deny he heard it. Another neighbour (Nancy Beatty) helpfully suggests he get on with his suicide so that she needn't worry that he might molest her.

You will have noticed by now that this production has an astounding cast of stellar actors. It quickly emerges, as the play requires them to dash from one identity to another, that they are also doing their best acting.

So it is that the protean Tanja Jacobs, having played a vixen whose sexuality drives her lover to homicidal distraction, shortly re-emerges as a surly nurse treating a 100-year-old woman, and shortly again, as a mousy creature sharing an apartment with a tyrannical interior decorator.

Stephen Ouimette, having started off as a paranoid psychiatrist, becomes a frantic partygoer, and (in blond wig and black-rimmed glasses) the tyrannical interior decorator.

Each skit, as well as being very funny and economically written, quietly throws a different kind of light on the play's real question: What kind of life is worth living? A good example of the subtlety of the writing is in the scene where various partygoers stick their heads out the window and chat with the man on the ledge. One of them is the host, who says he is thinking of starting a stove fire to drive his guests out so that he can be alone. What will he do then? Why, follow them to the next party. But why, asks the ledge man reasonably enough, hasten to party with people you don't want at your own party? The host's answers are a perfect tautology and an image of life's futility as it appears from the point of view of the man on the ledge.

The many stories, each brief and tangy in its own way, lead to the moment of truth. The man on the ledge, played with a sweet bewilderment that only Tom McCamus can do this well, *does* finally leap. But I am not giving anything away by telling you this, because the leap - like the crash of the pilot in *The Little Prince*, or the arrival of Mary Poppins - does not lead in the direction one might have expected.

This play is an example of that very rare and endangered species of theatre, the fable. It is also an example of that even rarer creature, the successful fable. It owes its seamless quality to the fact that Panych directed as well as wrote it, and worked closely with Ken MacDonald, who designed the set as part of an exploration with Panych of the problems of acting in restricted spaces.

The result is a very elegant demonstration of how many worlds can freely exist on a ledge that at one time seemed too narrow to contain one man's despair.

(THE GLOBE AND MAIL, March 1, 1991)

Morris Panych, *7 Stories* (Produktion des *Tarragon Theatre*, 1990/91); Photo zur Verfügung gestellt von: Tarragon Theatre

Raymond Storey; Photo zur Verfügung gestellt von: Playwrights Canada Press; 1988

The Saints and Apostles

Raymond Storey

Erstaufführung	17. April 1990 *Théâtre Passe Muraille* im Rahmen des *Buddies In Bad Times '4-Play Festival*
Regisseur	Edward Roy
Besetzung	5 (2 Frauen, 3 Männer)
Bühnenbild	Verschiedene Handlungsorte, u.a. leerer Raum mit drei Schreinen, Balkon und Bistro
Verlag/Ort/Jahr	Playwrights Canada Press, Toronto, Ontario 1991
Umfang	ca. 90 Seiten
Aufführungsrechte	Patricia Ney, Christopher Banks & Associates Inc., Toronto, Ontario

Die Personen

MICHAEL
MADELINE
DANIEL
PETER
RITA

Inhaltsüberblick

Daniel ist neu in Toronto und hängt sich an Michael, den er flüchtig von früher her kennt. Michael ist zunächst wenig begeistert, doch dann verliebt er sich heftig in Daniel, was ihn selbst verwirrt, da er bislang ein eher nüchternes Leben geführt hat, in dem für tiefe Gefühle kein Platz war.

Daniel, der HIV-positiv ist und somit den Tod vor Augen hat, zieht sich nach einiger Zeit von Michael zurück in das Haus seines Vaters, denn er möchte sich keinesfalls zu sehr in das Leben eines anderen Menschen hineindrängen und vor allem nicht das tränenreiche Ende einer Liebesbeziehung heraufbeschwören. Für ihn ist sein persönliches Drama Realität, und so hat er kein Verständnis für die Sentimentalität der Gesunden. Am Ende des Stückes tritt er noch einmal auf und hält einen Monolog; es gibt jedoch keinen Kontakt mehr mit den anderen Charakteren. Er will sich allein mit dem bevorstehenden Tod auseinandersetzen, und Michael muß versuchen, ohne Daniel sein Leben zu regeln, das so kurz und heftig von diesem berührt wurde.

Parallel zur Haupthandlung werden die Beziehungen zwischen Michael und seiner Mutter Rita und zwischen Michael und seiner Mitbewohnerin Madeline erzählt. Beide Beziehungen werden von den Veränderungen beeinflußt, die Michael durch Daniel erfährt. So läßt Michael nach Jahren erstmals zu, daß seine Mutter Anteil an seinem Leben nimmt, und plötzlich nimmt er auch Madeline wieder wahr. Lange hatte er sie als Selbstverständlichkeit in seinem Leben betrachtet. Nun erkennt er endlich ihre Bedeutung.

Hintergrund und Kommentar

Millenium Approaches und *Perestroika*, zwei Bühnenstücke des Amerikaners Tony Kushner, die unter dem Obertitel *Angels in America* auch in verschiedenen europäischen Ländern mit großem Erfolg aufgeführt wurden und werden, können für sich in Anspruch nehmen, das öffentliche Bewußtsein für die Epidemie unserer Tage, AIDS, maßgeblich geweckt zu haben. Das kanadische Bühnenstück *The Saints and Apostles* handelt auch von AIDS. Aber dem Autor, Raymond Storey, geht es nicht so sehr um die Betroffenen, die HIV-positiv sind, sondern um die, die neben und mit ihnen leben und die deren Krankheit auch betreffen sollte. Während die AIDS-Kranken darauf angewiesen sind, verstanden oder gar geliebt zu werden, zieht sich deren Umgebung häufig zurück und schweigt. Sie will nur ungern von Menschen hören, die keine Zukunft auf dieser Erde haben. Storey kann keine Lösungen anbieten und versucht dies auch nicht. In einer vom *Workshop West Theatre* in Edmonton veröffentlichten Stellungnahme (1991) führt er aus: „Leidvoll erfahre ich an mir, wie beschränkt meine Mittel sind, die Welt zu verändern. Ich bin nur einer, der Geschichten erzählt. Das einzige, was ich tun kann, ist, daß ich eine Geschichte so ehrlich und überzeugend erzähle wie nur möglich - zu Themen wie diesen: die Furcht vor Intimsphären; das verzweifelte Verlangen nach Liebe; die Suche nach Würde; die Notwendigkeit, Hoffnung zu haben".

Storeys Kerngedanke ist, daß nur die, die nicht von dieser Krankheit betroffen sind, lernen können. Die AIDS-Kranken sind in seinem Stück die „Heiligen"; sie verlieren alles, was ihnen in der Beziehung zu einem anderen geliebten Menschen wertvoll war. Die Überlebenden beschränken sich oft darauf, Schuld zuzuweisen und sich gegenseitig zu ermahnen, moralische Maßstäbe tunlichst zu beachten. Sie sprechen von „denen" und „uns". Storey verspürte die Notwendigkeit, über AIDS zu schreiben, als er 1989 in seine Heimatstadt Toronto zurückkehrte und dort erfuhr, daß einige seiner Freunde und Bekannten kurz zuvor an einer Krankheit gestorben waren, von der damals nur erst wenig bekannt war und die als „wieder einmal so eine amerikanische Sache" abgetan wurde. Ursprünglich wurde das Stück für eine Benefizveranstaltung zugunsten eines Hospiz für AIDS-Kranke als Einpersonenstück geschrieben, dann aber zu einem *play* mit fünf Charakteren weiterentwickelt, die die Einstellungen der Menschen unserer Tage zu der Problematik von AIDS spiegeln: Tabuisierung und Vorurteile können allzu leicht in Gleichgültigkeit und Desinteresse umschlagen.

„Was würden Sie tun," so Storey, „wie würden Sie Ihre Prioritäten neu definieren, wenn die erste Person, die Sie jemals wirklich geliebt haben, plötzlich die gefährlichste Person für Ihr Leben ist?"

Raymond Storey ist auch durch sein schon 1984 geschriebenes Stück über die *sour gas*-Industrie mit dem Titel *Something in the Wind* bekannt geworden.

Themen

- Leben mit AIDS
- HIV-Infizierte und deren Mitmenschen
- Tabuisierung und Vorurteile
- Auseinandersetzung mit dem Tod
- Generationskonflikte

****

Having the gall to ask all the right questions
The Saints and Apostles snubs all categories
by Liz Nicholls

REVIEW
The Saints and Apostles
Theatre: Workshop West at the Kaasa
Directed by: Raymond Storey
Starring: Michael Spencer-Davis; Glyn Thomas,
Anne McGrath, Julie Bond, Brian Taylor
Running: through Nov. 17

[Edmonton]

"Love," says Michael, with the grimace of a man at a cocktail party who's awfully afraid he's just eaten a bad cashew and doesn't know where to spit.

"That's what you get when you cross lust and loneliness with a lack of imagination."

A least that was the kind of nifty epigram he used to crack off before IT happened to him, as he explains to us in Raymond Storey's ambitiously witty, acrid, sad/funny, finally messy, new comedy about self-possession vs. love in an age fly-blown with mortality.

For a self-styled "pop-agnostic", hip, skeptical, mordant, expertly self-controlled like Michael (Michael Spencer-Davis), falling for Daniel (Glyn Thomas) could hardly be worse news: he's young, he can talk about "the subjective nature of performance art", he has eyes that hint at some great divine vista into time - and he's HIV-positive.

To suggest that *The Saints and Apostles* finally unravels into something more conventional and less interesting about parents and their children and whether or not you can go home again, is not at all to be ungrateful for a play that for much of its duration has the wit, the chutzpah, and the clear-eyed humanity to ask what happens, not to the medically doomed but to the endemically cautious, when intimacy has an even higher price-tag than usual.

As Michael's feisty old broad of a mom (Anne McGrath) muses, in observations that are as eccentric (and droll) as they are on the money, Russian work-camp prisoners have been known to stay put, even when their sentence is up, because they don't know where to go next.

Maybe that's why Rita lives right next to Toronto airport, watching landings and take-offs for the vicarious sense of possibilities they offer.

It is, as Storey has recognized, one of the classic engines of romantic comedy that the pursued should put up flimsy obstacles (and in vain) for the pursuer.

And in one of the play's most hilarious, most poignant scenes, Michael, a theatre director who has always lived by his wits, natters on brilliantly about the problematic nature of belief, fate, destiny, for people who have Shirley MacLaine instead of God, in order to avoid the immediate, urgent, inescapable fact that the boy beside him wants to go to bed with him.

Storey, who directs his own play with considerable panache, stages *The Seduction* as a sort of candle-light vigil, witnessed by the next-of-kin - Michael's mom, his room-mate Madeleine, and Daniel's dad - from above.

In fact, as the title suggests, Storey's witty staging consistently plays the sacred against the secular, the religious against the profane, on David Skelton's beautifully a propos wooden set, a circular playing floor like a sun with radiating beams, and an out-sized semi-circular staircase ascending and descending behind, on which three separate locations are suggested by a chair a piece.

Its very precariousness as a terrain says something about the desperate need to be in control that is inimical to pure love and that is one of the play's chief themes.

Storey has always commanded a fluent verbal wit, a sure touch with dialogue that never seems to graft on the jokes.

And *The Saints and Apostles* will make you laugh out loud.

But what makes the play so appealing is that it snubs the categories - like gay love story, or chin-up AIDS "comedy" or even hip gay/straight odd couple room-mate sitcom. [...]

(THE EDMONTON JOURNAL, Sunday, November 10, 1991)

Drew Hayden Taylor; Photo zur Verfügung gestellt von: Native Performing Arts; o.J.

Someday

Drew Hayden Taylor

Erstaufführung	4. November 1991 Produktion der *De-ba-jeh-mu-jig Theatre Group*, Wikwemikong Reservat, Ontario
Regisseur	Larry Lewis/Floyd Favel
Besetzung	4 (3 Frauen, 1 Mann)
Bühnenbild	Die Handlung findet in einer fiktionalen Ojibway Gemeinde im Otter Lake Reservat, irgendwo in Ontario statt; eine Woche vor Weihnachten 1991
Verlag/Ort/Jahr	Fifth House Publishers, Saskatoon, Saskatchewan 1993
Umfang	ca. 81 Seiten
Aufführungsrechte	Aurora Artists, Janine Cheeseman, Toronto, Ontario

Die Personen

RODNEY: 25 Jahre alt; ein Freund der Familie
BARB WABUNG: 23 Jahre alt; Rodneys Freundin
ANNE WABUNG: 53 Jahre alt; Barbs und Janices Mutter
JANICE (GRACE) WIRTH: 35 Jahre alt; die lange verloren geglaubte Tochter/Schwester

Inhaltsüberblick

In der Weihnachtszeit des Jahres 1991 laufen die Vorbereitungen für das Fest in einer fiktiven Ojibway-Gemeinde im zentralen Ontario auf Hochtouren, als Anne Wabung plötzlich in der Zeitung die freudige Entdeckung macht, daß sie in einer Lotterie $500.000 gewonnen hat.

Kurz darauf erhält sie einen Anruf von ihrer verloren geglaubten älteren Tochter Grace, die im Alter von sieben Monaten von der Kinderfürsorge der „Weißen" abgeholt worden war. Graces Vater hatte zu jener Zeit beim Militär gearbeitet, was die Indianergemeinschaft aber nicht erfahren sollte. Die Kinderfürsorge ging davon aus, daß der Vater die Familie im Stich gelassen hatte und nahm Anne das Baby weg. Diese schwieg, weil sie ihrem Mann versprochen hatte, niemandem etwas über seinen Verbleib zu erzählen.

Grace telefoniert mit Barbs Freund Rodney und kündigt für den nächsten Tag, dem Weihnachtstag, ihren Besuch an. Anne freut sich sehr darüber, räumt das ganze Haus auf, kocht und bereitet alles für Graces Ankunft vor. Barb hingegen ist mißtrauisch und eifersüchtig: Jetzt, wo Anne durch den Lotteriegewinn zu plötzlichem Reichtum gekommen ist, meldet sich die Schwester auf einmal - nach 35 Jahren des Schweigens! Außerdem fühlt sie sich von ihrer Mutter vernachlässigt, die um den Besuch der anderen Tochter soviel Aufhebens macht.

Alle sind sehr aufgeregt, als Grace schließlich ankommt. Sie erweist sich als hübsche, erfolgreiche und gepflegte Erscheinung, zeigt aber wenig einfühlsames Verhalten, indem sie nicht nur mit ihren italienischen Schuhen alles beschmutzt, sondern auch aus Unwissenheit unpassende Fragen stellt. Beim Durchblättern eines Fotoalbums erkundigt sie sich beispielsweise, wer denn der Junge sei, der auf einem Bild zu sehen ist. Anne verliert die Fassung, handelt es sich doch um ihren bei einem Autounfall tödlich verunglückten Sohn. Grace erfährt auf Nachfrage von Anne und Barb die wahren Umstände des Vorgehens der Fürsorge. Daß die eigentliche Ursache bei dem ungeklärten Verbleib ihres Vaters liegt, kann sie oder Janice, wie sie sich jetzt nennt, nicht glauben. Sie fühlt sich verraten, möchte sofort weggehen und spürt, daß sie nicht mehr hierher gehört. Niemand kann sie aufhalten. Auf die Frage, wann sie wiederkomme, antwortet sie mit einem vagen „Oh, someday, I suppose", steigt in ihr Auto und fährt davon.

Hintergrund und Kommentar

Unter den Native playwrights hat sich in der ersten Hälfte der neunziger Jahre in Kanada ein junger Dramatiker einen Namen gemacht, der 1962 im *Curve Lake* Reservat in Ontario geboren wurde: Drew Hayden Taylor. Er ist ein Ojibway Indianer, lebte zunächst mit seiner Mutter und deren Familie im Reservat, besuchte dann ein College in Toronto und wohnt seit einiger Zeit in dieser Stadt.

Indigene Dramatiker machen ihrem Zorn über die schlechte Behandlung der Indianer in der Vergangenheit auf unterschiedliche Weise Luft. Taylor entwirft keine Programme, er orientiert sich an der Realität, an seiner Realität. Er berichtet über Erfahrungen, die er selbst, seine Mutter, seine Familie gemacht hat und verdeutlicht die Auswirkungen dieser Erfahrungen auf die einzelnen Personen. *Someday* (1992) setzt sich mit dem sogenannten *sixties scoop* auseinander, einem Regierungsprogramm, das vorsah, Kinder von Natives zur Adoption freizugeben. AIM war der Name dieses Programms in Saskatchewan, und diese Bezeichnung bedeutete: *Adopt Indian Métis*. Im Jahr 1990 hatte Taylor eine Kurzgeschichte für die Tageszeitung *The Globe and Mail* geschrieben, die er dann als Auftragsarbeit in ein Bühnenstück umschrieb. Der zentrale Gedanke des *scoop* war, durch Adoptionen Natives aus ihrer eigenen Kultur herauszulösen und sie in die kanadische Kultur einzugliedern. Adoptionen dieser Art waren in den sechziger Jahren in Kanada neu.

Someday spiegelt wider, was damals in verschiedenen Provinzen Kanadas geschah. Das Stück läßt die Frustration erkennen, die auch heute noch bei vielen Natives vorherrscht, die sich früher wie Bürger zweiter Klasse vorkamen. Erst 1960 erhielten sie das Wahlrecht. Heute können sie ihre Stimme erheben und ihre Meinungen und Gefühle artikulieren. Drew Hayden Taylor hat *Someday* vor allem geschrieben, um die Gefühle der Natives, ihre Verbitterung, aber auch ihren Zorn hörbar und sichtbar zu machen. Er will dem Publikum vor Augen führen, was in den vergangenen 200 Jahren geschehen ist, wie Indianer erhebliche Kultur- und Sprachverluste haben hinnehmen müssen. Nur drei von insgesamt 53 *Aboriginal Languages* - so besagt eine Voraussage - werden die nächsten 25 Jahre überleben: Ojibway, Cree und Inuit. Taylor selbst spricht kaum mehr Ojibway; er und die meisten der Native playwrights schreiben auf englisch. In einem wichtigen Punkt unterscheidet er sich jedoch von anderen: Er will zeigen, daß Natives - sieht man von kulturellen und sprachlichen Unterschieden ab - nicht anders sind als Menschen anderswo. „Die hier sind Natives; sie agieren und reagieren, wie sie es tun. Kannst du [d.h. der, der kein Native ist] dich selbst darin wiederfinden?", so sagte und fragte der Autor in einem Interview. Er glaubt, daß die Menschen in vielen Ländern immer noch eine sehr romantische Vorstellung von Indianern und Inuit [= „Eskimos"] haben. Dies aber ist vom Rassismus - wie Taylor meint - nur einige Schritte entfernt.

Auf eines legt dieser Dramatiker besonderen Wert: Er hält sich für einen Native, der nicht über kulturspezifische Lebensweisen, Eigenarten und Ereignisse, sondern über kulturüberschreitende Gemeinsamkeiten zwischen Natives und non-Natives schreibt. Aus diesem Grund ist er sicher ein bedeutender Vertreter der jungen indianischen Dramatikergeneration in Kanada.

Jugendtheatern sei ein weiteres Stück aus der Feder dieses Autors, *Toronto at Dreamer's Rock*, besonders empfohlen - eine dramatisierte Initiationsgeschichte, in deren Zentrum ein sechzehnjähriger Ojibway steht, der auf einem Felsen in Gesprächen mit zwei Gleichaltrigen, die beide Ojibway sind, lernt, daß er ein wichtiges Bindeglied sein kann - zwischen einer traditionsgebundenen Vergangenheit (repräsentiert durch den einen der Jungen, der vor 400 Jahren lebte) und den Anforderungen einer technologisierten Zukunft (repräsentiert durch den anderen, der im Jahre 2095 lebt).

Themen

– Rechtslage der kanadischen Indianer
– Traum und Wirklichkeit
– Auswirkungen politischer Entscheidungen auf den Einzelnen
– Romantische Vorstellungen von Indianern
– Natives und non-Natives: Spezifisches und Gemeinsames

****

Heavy issues in light but likable drama

by H. J. Kirchhoff

For all its flaws - and we'll get to those in a minute - Drew Hayden Taylor's *Someday* is a likable drama, dealing sensitively with a moving and important subject: the practice of Canadian children's aid workers who, in the 1950s and 60s, seized thousands of children from "unsuitable" native parents and gave them to middle class white couples to raise as their own. (If you are a parent, stop here and think hard about that. They took the children and wouldn't give them back).

Taylor's play, which began life as a Christmas story in The Globe and Mail in 1990, is set in a fictional Ojibway reserve community in central Ontario. It is the week before Christmas, and Rodney (Herbie Barnes), the story's narrator as well as a character, is shovelling a driveway in front of a badly tilted house, and indulging in a Scrooge-like diatribe about Christmas. "This isn't even my driveway," he complains.

The driveway, and the wonky home, belong to Anne Wabung (Lee Maracle) and her daughter Barb (Columpa C. Bobb), Rodney's girlfriend. His task ends suddenly when he hears screams from the house; he runs in to find out that Anne has just won $5-million in the lottery.

She wants to use the money to find her daughter Grace - who was taken by the Children's Aid Society 35 years before. Contact is made, in a roundabout way. Grace, now a successful Toronto lawyer named Janice Wirth (Pamela Matthews), sees Anne's picture in the newspaper and reads her story, and arranges to come to the reserve for a Christmas meeting.

The two-act play moves briskly along, with a lot of gently humorous dialogue, family interaction and revelations, and an unsentimental conclusion that feels right in its ambiguity. It is heart-rending to watch this family work out its relationships in the wake of that horrible, distant rupture.

[...]

Someday - which is when Janice says she will call again - is an entertaining and enlightening lightweight drama about a heavyweight subject.

(THE GLOBE AND MAIL, Tuesday, November 22, 1994)

Judith Thompson

Judith Thompson; Photo zur Verfügung gestellt von: Playwrights Canada Press; o.J.

Lion in the Streets

Judith Thompson

Erstaufführung	Juni 1990 *duMaurier World Stage Theatre Festival*, Toronto, Ontario; *duMaurier Theatre Centre*
Regisseur	Judith Thompson
Besetzung	27 (16 Frauen, 11 Männer); mögliche Verteilung: 6 Schauspieler (4 Frauen, 2 Männer)
Bühnenbild	Verschiedene Handlungsorte, u.a. Spielplatz, Park, Apartment, Kirche
Verlag/Ort/Jahr	Coach House Press, Toronto, Ontario 1992
Umfang	ca. 53 Seiten
Aufführungsrechte	Shain Jaffe, Great North Artists Management Inc., Toronto, Ontario

Die Personen

ISOBEL
NELLIE, LAURA, ELAINE, CHRISTINE, SHERRY
RACHEL, LILY, RHONDA, ELLEN, SCARLETT
SCALATO, TIMMY, GEORGE, DAVID, RODNEY, BEN
MARTIN, ISOBEL'S FATHER, RON, FATHER HAYES, MICHAEL
SUE, JILL, JOANNE, BECCA, JOAN

Inhaltsüberblick

Lion in the Streets ist kein Drama im üblichen Sinne, vielmehr eine Aneinanderreihung verschiedener Szenen, die dadurch miteinander verbunden sind, daß in ihnen allen das ermordete neunjährige portugiesische Mädchen Isobel auftritt und ein Charakter der vorhergehenden Szene zum Protagonisten der nächsten Szene wird.
Das Stück stellt Probleme und Krisen im großstädtischen Leben dar. Der Zuschauer erfährt, daß Bill seine Frau Sue mit Lily betrügt und Sue sich aus Verzweiflung selbst erniedrigt; daß der Elternrat über die Verteilung von Süßigkeiten als Belohnung für Kinder streitet; daß Joanne an Knochenkrebs erkrankt ist und Selbstmord begehen will, bei dem ihr die Freundin Rhonda helfen soll und vieles mehr.
Ab und an wird sich der Zuschauer fragen, ob und in welchem Maße das Erzählte Wirklichkeit ist. Denn kaum hat er in einer Szene erfahren, daß Rodney Michael ersticht, mit dem er eine nie verarbeitete Affäre hatte, da erzählt in der folgenden Szene Rodneys Kollegin Sherry, daß Rodney den ganzen Nachmittag in seinem Büro eine imaginäre Person angeschrieen habe und wohl verrückt geworden sei. Hat nun also Rodney tatsächlich den Mord begangen oder nicht?
Isobel ist sich zu Beginn des Dramas nicht bewußt, wer sie vor 17 Jahren ermordet hat. Erst allmählich, indem sie durch die einzelnen Szenen huscht und die verschiedenen Gespräche belauscht, wird ihr dies deutlich. Suchte sie am Anfang jemanden, der sie nach Hause bringen würde, so ist sie nun auf der Suche nach jemandem, der sie in den Himmel bringt. Sherry, die ihrem perversen, krankhaft eifersüchtigen Freund Edward Einzelheiten über ihre Vergewaltigung erzählen mußte, nur weil er sie hören wollte, bricht unter diesem psychischen Druck schließlich zusammen und bringt Isobel zum Friedhof, wo sie ihren Mörder, Ben, wiedersieht. Statt sich an ihm zu rächen, vergibt sie ihm und fordert die Zuschauer am Ende des Stückes - nun als eine Erwachsene - auf, ihr Leben in die eigene Hand zu nehmen. In Gedanken steigt sie dann in den Himmel auf.

Hintergrund und Kommentar

Neben Brad Fraser hat Judith Thompson die Konturen der kanadischen Theaterlandschaft in den achtziger und neunziger Jahren entscheidend mit geprägt und auch über Kanada hinaus bekannt gemacht. Frasers *Unidentified Human Remains and the True Nature of Love* und Thompsons *Lion in the Streets* wurden beispielsweise im Frühjahr 1993 am Hampstead Theatre in London mit großem Erfolg aufgeführt. Der bekannte englische Theaterkritiker Benedict Nightingale beginnt seine Rezension der Londoner Aufführung von *Lion in the Streets* mit den Worten: „Sollte sich jemand immer noch Kanada als ein großes ruhiges hinterwäldlerisches Terrain am Ende der Welt vorstellen, das allenfalls wegen seiner berittenen Polizei, seiner Holzfäller, Berge und Ahornbäume erwähnenswert ist, dann weiß er oder sie wenig von den Theaterexporten dieses Landes".

Beide - Fraser und Thompson - sind unbeeindruckt von der Tradition des *well-made play*; beide behandeln in ihren Stücken Identitätskrisen und Probleme von Menschen im Chaos der kanadischen Großstädte. Thompsons Toronto ist eine Stadt in glitzernden Farben, aber mehr noch ein Ort der Bedrohung und der Gefahr. Es ist nicht das Toronto der Geschäftemacher auf der Bay Street oder Yonge Street, sondern das ihrer eigenen Nachbarschaft. Ihre Stücke handeln von der Unzufriedenheit mit der modernen Zivilisation. Der *lion* im Titel ist keineswegs der „König der Tiere"; er ist ein hungriger Löwe in einem silbernen Auto und steht für die wilden Bestien, die sich im Trott des Alltags ein Ventil suchen. Sein Fauchen verheißt drohende und todbringende Gefahr. Die Menschen zeigen Spuren tiefster innerer Unsicherheit und vergeblicher Versuche, verlorengegangene Unschuld wieder zurückzugewinnen.

Der Geist des ermordeten portugiesischen Mädchens, das durch die Straßen Torontos streift, wird mit ganz unterschiedlichen - meist zweifelhaften und heruntergekommenen Menschen - konfrontiert. Und als es dann schließlich seinen Mörder ausfindig gemacht hat, schreit es uns - das Publikum - an und beschwört uns, unser Leben zu nutzen und nicht zu verschwenden.

In einem Interview, das der Herausgeber dieses Buches 1995 mit Judith Thompson führte, antwortete sie auf die Frage, was sie für ihren speziellen Beitrag zum zeitgenössischen englisch-kanadischen Drama halte: „Ich glaube, daß es das Unbewußte in meinen Charakteren ist, das ich sichtbar machen will. Meine Stücke sind - allem voran - psychologische Entdeckungsreisen. Sie wollen erkennen, wie sich Bewußtes und Unbewußtes treffen, wie sie zusammenwirken, aneinanderstoßen und Konflikte verursachen."

Thompson will Licht in den Bereich der menschlichen Psyche bringen, der meist verborgen bleibt und so - wie sie meint - erklärt, warum Menschen hin und wieder gewalttätig reagieren: „Die Menschen wollen hinter verschlossenen Türen leben, sie wollen nicht, daß die Türen offen stehen und Licht hineinscheint".

Lion in the Streets ist, wie erwähnt, kein Drama im üblichen Sinne. Die einzelnen Szenen werden durch die in der Stadt herumgeisternde neunjährige Isobel verbunden. Das Publikum wird sozusagen auf eine Reise geschickt - durch die verschiedenen Leben von ca. 30 Charakteren, die von fünf Schauspielern in elf Szenen gespielt werden. Die einzige stets präsente Figur ist Isobel, die in die Lebensläufe der Menschen gerät und herausfinden will, wo sie sich befindet. Manche der Charaktere werden von anderen Figuren gar nicht gehört, wohl aber vom Publikum. Sie spiegeln die Unfähigkeit, sich auszudrücken, und wenn die Bauprinzipien von *Lion in the Streets* an manchen Stellen nicht auf Anhieb klar sind, so daß die Zuschauer im Dunkeln tappen, dann hat das Gründe. Sie spiegeln nur die Erfahrungen der Menschen, die sie beschreiben wollen.

Lion in the Streets ist ein Stück ohne eigentlichen *plot*, aber mit dichten Eindrücken; eine Serie von messerscharfen Vignetten, die sich zu einem Mosaik ergänzen, einem Mosaik alltäglicher Menschen, die im Dschungel der Großstadt wie in einer Falle sitzen, aus der es kein Entkommen gibt. Ein modernes Inferno!

Als der Geist Isobels, die siebzehn Jahre zuvor getötet wurde, am Ende ihren Mörder findet, nimmt sie einen Stock und ist drauf und dran, ihn zu töten. Doch dann läßt sie in letzter Minute den Stock fallen und sagt zu ihm: „Ich liebe dich". In dem bereits erwähnten Interview reagierte Judith Thompson auf die Frage, was sie zu diesem Schluß veranlaßt habe und ob sie selbst den Mörder nicht getötet hätte: „Ich habe dies spontan so geschrieben, und ich glaube, ich hätte ihn auch nicht getötet". Nach kurzem Nachdenken ergänzte sie dann ihre Aussage: „Ich halte nichts von der Todesstrafe, weil ich den Zyklus von Gewalttätigkeiten nicht fortsetzen will [...]. Verzeihen, nicht Vergeben, das ist es was wir brauchen."

Lion in the Streets setzt die Serie von Bühnenstücken fort, die Judith Thompson zu einer der bekanntesten und meistgeschätzten kanadischen Dramatikerinnen gemacht hat: *The Crackwalker* (1980), *White Biting Dog* (1984), *I Am Yours* (1987).
Die Autorin wurde 1954 in Montréal geboren, studierte an der Queens University und an der National Theatre School. Als Schauspielerin war sie am Manitoba Theatre Centre und bei Toronto Arts Productions tätig. Die auf Anhieb große Resonanz ihres Stückes *The Crackwalker* veranlaßte sie, sich ganz dem Stückeschreiben zu widmen. Mit ihrem Ehemann und vier Kindern lebt sie in der *Annex Area* von Toronto.
Ob es so etwas wie spezifisch Kanadisches in ihren Stücken gebe, wurde Judith Thompson im Interview gefragt. Ihre Antwort: „Meine *plays* stammen aus meiner Umgebung in Toronto. Aber sie sind irgendwie auch *un-Canadian*. Denn sie sind keineswegs verbindlich und zurückhaltend; sie lassen sich nichts gefallen und offenbaren so das Alter Ego Kanadas".

Themen

– Selbstfindung und Selbstakzeptanz
– Mord und Vergewaltigung
– Die moderne Großstadt als Ort der Bedrohung und Gefahr
– Mangelnde Fähigkeit zur Sozialisierung in der modernen Klassengesellschaft

* * * *

THEATRE REVIEW / *Judith Thompson writes powerfully about subjects other playwrights shy away from.* Lion in the Streets *is no exception*

Drama succeeds by baring its teeth

by Ray Conlogue

Judith Thompson's *Lion in the Streets* opened Tuesday night at the Tarragon Theatre in Toronto, after being performed last summer in an earlier form. It is a powerful play, even from a writer of powerful plays.

Drama critic Robert Cushman called that earlier production a rare example of a daisy-chain play. This is apt. Each scene is a mini-drama, apparently standing alone. But it always contains one character from the previous mini-drama. A nursery school teacher who has been shouted at by yuppie parents for taking their kids to a donut shop appears again in the next scene, having a drink with a woman friend who has just been diagnosed with bone cancer. The waiter who overhears them becomes the focus of the next scene, where he encounters a priest who becomes the focus of the scene after that.

This is how people really live in cities: Not in a self-contained community, but connected by tendrils to a series of different worlds.

There is a linking character, the small Portuguese girl named Isobel. We meet her being rescued by a middle-class mother, Sue, from children who are mocking her imperfect English. Isobel is always present after that, but is often invisible to others. As this dawns on her, she becomes poignantly and childishly distraught. Finally she understands that she has died and become a ghost. But we do not yet know how or why.

I found both Isobel and the actress performing her, Tracy Wright, compelling. This is a stylized portrait of a child, caught in a moment of pain that goes on forever: arms awkwardly akimbo, eyes wide open and full of fear, wearing an ugly dress and huge plastic glasses that frame her huge eyes. But, belying her frailty, a reckless and combative spirit.

The scenes over which Isobel hovers, the sacrificed victim, portray the various violences of our world. The remarkable Julian Richings is, among several roles, a husband who introduces his lover to his humiliated wife at a dinner party. Jane Spidell, as one of a series of beautiful, overconfident and repressed women, plays a yuppie wife who suddenly explodes in rage at an overweight, working-class teacher who has dared to give her perfect children a donut. Robert Persichini plays with convincing resolve a dizzying range of roles, from a Portuguese mother to a timorous researcher brutally confronted by a forgotten childhood acquaintance trying to work out some Freudian nonsense or other, to a brute himself: Isobel's killer.

These modern scenes take on extra power because they have been linked to old and powerful symbols in our culture. A patronizing journalist, for example, betrays the confidences of a fat young woman who lolls helplessly in a wheelchair, a victim of advanced multiple sclerosis. The fat woman then utters a classic curse, a real malediction, in which she identifies herself as hell, and promises the beautiful young journalist certain death in a car accident. "And then I will swallow you, and you will spend eternity inside my body" - a modern visitation from that standby of medieval painters, the Mouth of Hell. [...]

There have been two major changes from last summer's script. A provocative monologue where a woman tells how she teased and tormented the man who finally raped her, has been replaced by a scene where a paranoid and violent man forces his fiancé to recall a rape she once experienced. Why the shift?

Also gone is a truly harrowing scene where Isobel's murderer is confronted by his mother in a graveyard.

Not all of these scenes are plausible in a conventional sense, but I do not think they were meant to be. They are the awakenings of monstrous yearnings that are as a rule only dreamed - lions escaped from cages. Thompson, who also directed, underlines the fact by asking for large and melodramatic performances. Characters clutch each other at the knees, undress in front of strangers, and so on.

I did not always find this style of performance as persuasive as I do the writing itself.

(THE GLOBE AND MAIL, Thursday, November 8, 1990, 7-10)

Judith Thompson, *Lion in the Streets* (Co-Produktion der *Du Maurier World Stage* und des *Tarragon Theatre*, 1990); Photo zur Verfügung gestellt von: Tarragon Theatre

Michel Tremblay; Photo zur Verfügung gestellt von: Playwrights Canada Press; 1990

Albertine, en Cinq Temps / Albertine, in Five Times

Michel Tremblay

Erstaufführung (frz.)	12. Oktober 1984 *Théâtre Français du Centre National des Arts*, Ottawa, Ontario
Regisseur	André Brassard
Erstaufführung (engl.)	9. April 1985 *Tarragon Theatre*, Toronto, Ontario
Regisseur	Bill Glassco
Besetzung	6 Frauen (5x Albertine im Alter von 30, 40, 50, 60, 70 Jahren, 1 weitere Frau)
Bühnenbild	Verschiedene Handlungsorte, u.a. Restaurant, Altenheim
Verlag/Ort/Jahr	(frz.) Leméac, Ottawa, Ontario 1984 (engl.) Talonbooks, Vancouver, British Columbia 1986
Umfang	ca. 76 Seiten (engl. Ausgabe)
Aufführungsrechte	J. C. Goodwin, Montréal, Québec

Die Personen

ALBERTINE: mit 30, 40, 50, 60 und 70 Jahren
MADELEINE

Inhaltsüberblick

Die siebzigjährige Albertine bezieht ihr neues Zuhause in einem Altenheim und reflektiert darüber, wieso ihr Leben so katastrophal verlaufen ist. Ihr Sohn lebt völlig zurückgezogen in einer Anstalt für Geistesgestörte; ihre Tochter beging in den siebziger Jahren Selbstmord. Sie selbst hat außer zu ihrer Schwester Madeleine niemals eine enge Beziehung zu einem anderen Menschen aufbauen können - nicht einmal zu ihrem eigenen Mann. Während Albertine über ihr Leben nachdenkt, unterhält sie sich mit ihren realen anderen Ichs, und alle erzählen in Bruchstücken, jede aus ihrer zeitlichen Perspektive, Albertines Geschichte. Die Albertines der verschiedenen Lebensabschnitte greifen sich auch gegenseitig an. Die älteren sagen den jüngeren, was sie anders machen sollen; die jüngeren kritisieren, daß die älteren vergessen haben, was sie früher bewegte. Aber in allen zeitweise sehr aggressiv geführten Diskussionen besteht doch immer der Wunsch, wenn schon nicht den Rest der Welt, so doch zumindest sich selbst zu begreifen.

Hintergrund und Kommentar

Michel Tremblay, geboren im Jahre 1942, stand schon früh unter dem Einfluß der kulturellen Bewegung, die durch die sogenannte Stille Revolution in Québec bewirkt wurde und im Theater im psychologischen Realismus, in dramaturgischer Experimentierfreude und direkter politischer Aussage ihren Niederschlag fand. Kritiker rühmen an Tremblays Werken, daß in ihnen eine glückliche Synthese dieser drei Komponenten gelungen sei. *Les Belles-Soeurs* (1968) hat Tremblay bekannt gemacht. Das französische literarische Magazin *Lire* nannte 1987 in einem Beitrag mit dem Titel „Die ideale Theaterbücherei" *Les Belles-Soeurs* als eines von 49 Bühnenstücken, die in den Bibliotheken derjenigen nicht fehlen dürfen, die an der Entwicklung des Theaters seit seinen Anfängen interessiert sind. Inzwischen ist Michel Tremblay der bekannteste Dramatiker Québecs. Er hat ca. 25 Bühnenstücke und verschiedene Filmskripts geschrieben. Seine Werke sind weltweit anerkannt; sie wurden in über 20 Sprachen übersetzt. Seit den frühen neunziger Jahren ist er zu einem äußerst beliebten Autor in Schottland geworden; *Hosanna, La Maison suspendue* und *Forever Yours, Marie-Lou* liegen in englischer Übersetzung vor. Tremblay hat persönlich für dieses Buch *Albertine, in Five Times* vorgeschlagen, dessen ursprünglicher französischsprachiger Titel *Albertine, en Cinq Temps* heißt. In der englischen Übersetzung von Bill Glassco und John Van Burek erlebte dieses Stück seine Erstaufführung 1986 am Tarragon Theatre in Toronto. Albertine, die aus einem Arbeiterviertel in Montréal stammt, läßt die wesentlichen Stationen ihres Lebens Revue passieren. Sie alle sind von Versagen und Enttäuschung geprägt. Fünf Schauspielerinnen schlüpfen in die Rolle der Albertine, jede für eine von fünf Dekaden ihres Lebens, als 30-, 40-, 50-, 60-, 70jährige. Die fünf „Albertinen" sind gleichzeitig auf der Bühne, teils ohne einander wahrzunehmen, teils im Gespräch miteinander, teils in gemeinsamem Handeln. Neben ihnen tritt Albertines Schwester auf, deren Leben ganz anders verlaufen ist und deren Alter nicht bekannt ist: Sie fungiert als eine Art Chor zu den Dialogen, die Albertine mit ihren verschiedenen „Selbst" führt.

Die siebzigjährige Albertine hat eine derartige Persönlichkeitsveränderung vollzogen, daß sie kaum mehr Vergleiche zu dem, was sie früher war, zuläßt. Sie hat kaum Bemerkenswertes vollbracht. Aber Güte und Würde sind am Ende die hervorstechenden Merkmale ihres Wesens.

Albertine, en Cinq Temps ist weitaus mehr als eine Parabel der „Versklavung" Québecs durch die wirtschaftlich Mächtigen im englischsprachigen Kanada, wie einige Theaterkritiker in der Mitte der achtziger Jahre meinten. *Albertine, en Cinq Temps* ist eines jener kanadischen Bühnenstücke, die ausgehend von einem spezifisch kanadischen Kontext zu universalen Aussagen gelangen und deshalb auch für Theater und Theaterbesucher außerhalb Kanadas besonders interessant sind. Der kanadische Kontext ist der Ortsteil Montréals, das Arbeitermilieu, in dem der Autor selbst aufwuchs. Das Stück ist charakteristisch für die liberale Gesellschaftskritik, die Tremblay in den meisten seiner Stücke übt: „Was ich an unserer Gesellschaft kritisiere ist, daß ihre Grundlage ein Wettbewerb zwischen Männern ist". Er bemüht sich, Frauen zu Wort kommen zu lassen, Frauen wo und wann auch immer. Die spezifische Gesellschaftsstruktur in Québec ist nur ein Aufhänger. Es geht um das, was allen Menschen gemeinsam ist, ihr Kummer, ihr Leid, ihre Wünsche und ihre Sehnsüchte. Das Wissen darum bereitet den Weg für besseres gegenseitiges Verstehen. Albertine wäre wohl kaum so überzeugend, wenn das Stück nur ein Porträt von Arbeiterfrauen in Montréal wäre.

Die Aufführung von *Albertine, en Cinq Temps,* stellt hohe Anforderungen an die Regie und die Akteure. Empfindsamkeit und Zorn sind die beiden Pole, zwischen denen sich die Handlung bewegt. Daß die fünf Schauspielerinnen, die die verschiedenen Phasen im Leben von Albertine darstellen, nicht nacheinander, sondern nebeneinander auftreten, verlangt sowohl eine Konzentration auf die Einzelerfahrungen der Charaktere als auch auf das Bindeglied, die Klammer, die alle(s) zusammenhält. Keine der Schauspielerinnen spielt die Rolle eines vollständigen Charakters. Zusammen bringen sie die sich verändernden und widersprüchlichen Facetten der aufgewühlten Persönlichkeit Albertine zum Ausdruck.

Die Aufführung des Stücks dauert ca. 90 Minuten (ohne Pause). Am Ende trifft man auf eine Albertine, die - wie eine ihrer kanadischen Darstellerinnen meinte - eine wunderbare Frau ist und eine große hätte werden können, wenn sie unter anderen Bedingungen gelebt hätte.

Themen

– Überdenken eigener Werte und Verhaltensweisen
– Abnabelung von der eigenen Vergangenheit
– Problematik des Altwerdens
– Frauen in der Männerwelt
– Vom kanadischen Kontext zur universalen Aussage

Tremblay's 'Albertine' spare, sublime poetry

By PAT DONNELLY
Special to The Gazette

Many playwrights can write dialogue; few can make poetry of it. Michel Tremblay's *Albertine en cinq temps*, now making its third debut of the season (the first was at the National Arts Centre in Ottawa) at Théâtre du Rideau Vert as part of the Festival des Amériques '85, is a psychological novel for the stage reduced to the spare discipline of a sonnet.

Eugene O'Neill invented the five-hour play in order to bring the perspective of a lifetime to an evening in the theatre. Fortunately, Tremblay gets to the point a bit sooner than that. Albertine runs for an uninterrupted hour and a half.

The simplicity of the Rideau Vert production of *Albertine* is in keeping with the text. The gently raked stage is furnished with several rocking chairs, a cot and two bench swings. A diaphanous black curtain spangled with stars veils the suggestion of a green forest. Shifts in the locale of Albertine's mindscape take place discreetly, heightening the drama rather than competing with it.

Albertine at 70 years (Huguette Oligny) comes to rest in a geriatric home. Setting down her suitcase, she becomes aware that she is not alone. In an eloquent and moving gesture she reaches out to touch her former selves as if tracing her own face in the mirror.

Madeleine (Murielle Dutil), Albertine's sister, joins the curious gathering to share the griefs, the bickering and the small talk between the chronologically defined fragments of one woman's identity.

Albertine at 30 (Christiane Raymond) is a bundle of nerves. Her sister selves join her in a Greek chorus of guilt and regret over beating her 11-year-old daughter without explanation. "J'ai fessé," they cry, again and again, as if attempting expiation through self flagellation.

Albertine at 40 (Rita Lafontaine) is bitter and inclined to express her rage.

At 50 (Amulette Garneau), she is quite cheerful. She has deserted her grown-up children and taken a job for the first time in her life.

Albertine at 60 (Gisèle Schmidt) is suicidal.

At 70 she finds herself to be an empty woman in front of an empty television in an empty room, asking if this is what they call a "full life".

Tremblay's *Albertine* brings us to laughter as well as tears while testing a whole keyboard of emotions in between. The play ends on a healing note as the selves reach together toward the mystery of the moon.

A truly superlative production, featuring some of Quebec's finest actresses, *Albertine* should not be missed.

(The Gazette, Montréal, Thursday, May 23, 1985)

GUILLERMO
VERDECCHIA

Guillermo Verdecchia; Photo zur Verfügung gestellt von: Playwrights Canada Press; 1993

Fronteras Americanas

Guillermo Verdecchia

Erstaufführung	Januar 1993 *Tarragon Theatre Extra Space*, Toronto, Ontario
Regisseur	Jim Warren
Besetzung	1 Mann (in verschiedenen Kostümierungen)
Bühnenbild	Leere Bühne
Verlag/Ort/Jahr	Coach House Press, Toronto, Ontario 1993
Umfang	ca. 64 Seiten
Aufführungsrechte	Guillermo Verdecchia c/o Coach House Press, Toronto, Ontario; Noble Talent, Angela Wright, Toronto, Ontario

Die Personen

VERDECCHIA
WIDELOAD

Inhaltsüberblick

Seit Jahren will Verdecchia Argentinien besuchen, das er als Jugendlicher verlassen hat. Aber die Angst, zum Militärdienst eingezogen zu werden, hat ihn bisher daran gehindert. Nach dem Sturz Pinochets macht er sich endlich auf den Weg, und gleich am ersten Tag wird vor seinem Hotelzimmer jemand erschossen. Er fühlt sich fremd in seinem eigenen Geburtsland, wo er als Tourist betrachtet wird, ebenso fremd aber auch in seiner Wahlheimat Kanada, wo er immer noch als Ausländer gilt. Während Verdecchia versucht, in bruchstückhaften Erinnerungen seine Identität zu finden, wird seine

Erzählung immer wieder von Wideload unterbrochen, der die nordamerikanischen (und, nebenbei, auch die europäischen) Vorbehalte gegen alle, die nicht sind wie sie, lächerlich macht. Er spielt das Klischee des naiven, kindlichen Latinos nach, durchbricht dieses Stereotyp aber immer wieder mit beiläufigen Kommentaren, die den Zuschauer erst mit Verspätung merken lassen, daß sie die Belächelten sind. Die Geschichte Nord- und Südamerikas wird ebenso berührt wie die Iran-Contra-Affäre, das Free-Trade-Abkommen und gängige Medienklischees.

Am Schluß des Stücks appelliert Verdecchia an alle, sich von der durch räumliche Zuordnung definierten Identität zu lösen und „die Grenze zu leben", sich ihrer Geschichte, ihrer Vorfahren und ihrer verschiedenen Identitäten zu erinnern und sich aus dem Wissen um all dies zu einer neuen, abgerundeten Persönlichkeit zu entwickeln.

Hintergrund und Kommentar

Guillermo Verdecchia, der Autor von *Fronteras Americanas*, ist Schauspieler und Dramatiker. Er stammt aus Argentinien und lebt in Kanada. Sein 1991 in Toronto aufgeführtes Bühnenstück *The Noam Chomsky Lectures*, das er zusammen mit Daniel Brooks inszenierte, hat ihn als Dramatiker bekannt gemacht. Für *Fronteras Americanas* (American Borders) erhielt er den *Governor General's Literary Award for Drama* (1993). Das Stück entstand nach dem Besuch seines Heimatlandes. Das Stück ist eine ebenso geistreiche wie witzige Satire auf Stereotypen und Klischees, die häufig Beziehungen zwischen unterschiedlichen Kulturen stören oder gar zerstören. Es geht hier um Vorurteile gegenüber Menschen aus Lateinamerika, die von Nordamerikanern nicht selten als Stierkämpfer, wahnsinnige Diktatoren, tumbe Bauern, Tangotänzer oder als Spieler eigenwilliger Gitarrenmusik abgestempelt werden.

Der Schauspieler in diesem Einpersonenstück versucht, seinen Platz zwischen zwei Kulturen zu finden, die Grenzen zu (er-)leben und Stereotypen abzubauen. Da er zwischendurch in eine zweite Rolle schlüpft, entwickelt sich das Stück zunehmend zu einem Dialog zwischen zwei Personen: Der eine berichtet von seinen persönlichen Erfahrungen als Tourist in seinem Heimatland Argentinien, aber auch als Bürger Kanadas, wo er sich immer noch als Ausländer fühlt. Er versucht, über bruchstückhafte Erinnerungen seine Identität zu finden. Der andere kommentiert spöttisch die stereotypen Vorurteile der Amerikaner gegenüber allem, was ihnen fremd ist. Die Zuschauer gewinnen zunehmend den Eindruck, daß der, der sich als Satiriker äußert, selbst Gegenstand der Satire ist. Filmausschnitte und Dias, die auf eine Leinwand projiziert werden, Portraits von Christoph Columbus und Rita Moreno, sowie Zitate von Bolivar, Fuentes und Paz und Speedy-Gonzales-Karikaturen unterstützen die Kommentare und Seitenhiebe.

Fronteras Americanas ist eine tragfähige Basis zur Verdeutlichung von Problemen der Diskriminierung in einer multikulturellen Gesellschaft. Das Stück ist ohne großen Kostenaufwand zu inszenieren. Es eignet sich besonders für kleine Häuser.

Themen

- Kanada als multikulturelle Gesellschaft
- Kanada als Teil des amerikanischen Kontinents
- Bedeutung der Nationalität für die Identität
- Verdeckte Diskriminierung durch Vorurteile und Klischees

****

THE REVIEWS

THEATRE / *Fronteras Americanas* Written and
performed by Guillermo Verdecchia at the Tarragon
Extra Space until Feb. 23. ★★★

BASHING STEREOTYPES
WITH STEREOTYPES

ARGENTINE-born and Canadian-raised, Guillermo Verdecchia
makes good use of his own life experiences — especially those dealing with borders and related concepts — as the basis for *Fronteras
Americanas*, a fast, furious and funny examination of Latino (or Chicano or Hispanic) images in popular North American culture.

In a series of often autobiographical scenes, Verdecchia parodies, re-
verses and otherwise mocks the Madison Avenue-Hollywood Latino
images — cartoon buffoons, film villains, Latin lovers — that are held by
nice North American white folks. He also discusses his search for a place
in the world, throws in a fair bit of history and sociology (usually with a
wry twist; "Latins are no sexier than Saxons — well, maybe a little — the
difference is, we like it"), and a memorably haunting celebration-lament
on the tango.

Verdecchia has a commanding and charming on-stage presence, and his
material is strong, smart and well-presented. Director Jim Warren (with
whom Verdecchia co-wrote and performed *Geoffrey and Jeffrey*) delivers
enough movement, lighting cues and changes of pace to keep the audience
focused through the entire two acts, and makes clever use of two projec-
tors to present quotations (from Bolivar, Paz, Fuentes), underline bits of
script, show maps, and run "film clips" and a live video feed (Verdecchia
performs an audition for yet another street-criminal Chicano role).

One comment in passing, and a question: a great deal of *Frontera Americanas*'s energy comes from Verdecchia's use of the very Latino gags and
stereotypes that make him so angry; one thinks for instance of the mock-
Mex, Speedy Gonzales accent of his alter ego, Facundo Morales Se-
gundo, a.k.a. Wideload ("a more Saxonical name"). If a work taking aim
at something distasteful uses that distasteful thing to get laughs, who's
really getting the last laugh?

But I suppose that's a quibble about an intriguing and entertaining piece
of work. *Fronteras Americanas* may not say anything new but some things
simply bear repeating.   *H. J. KIRCHHOFF*

(The Globe and Mail, Thursday, January 28, 1993)

Guillermo Verdecchia, *Fronteras Americanas* (Produktion des *Tarragon Theatre*, 1993);
Photo zur Verfügung gestellt von: Tarragon Theatre

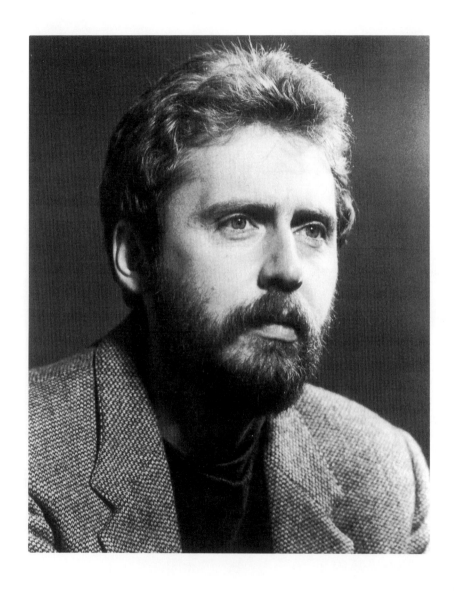

George F. Walker; Photo zur Verfügung gestellt von: Playwrights Canada Press; o.J.

Zastrozzi - The Master of Discipline

George F. Walker

Erstaufführung	November 1977 *Toronto Free Theatre*, Toronto, Ontario
Regisseur	William Lane
Besetzung	6 (2 Frauen, 4 Männer)
Bühnenbild	Angedeutete Kulisse eines Gefängnisses mit den Überresten einer antiken Stadt irgendwo in Europa, wahrscheinlich Italien; 90er Jahre des vorigen Jahrhunderts
Verlag/Ort/Jahr	Playwrights Canada Press, Toronto, Ontario 1979
Umfang	ca. 86 Seiten
Aufführungsrechte	Shain Jaffe, Great North Artists Management Inc., Toronto, Ontario

Die Personen

ZASTROZZI: berüchtigter Krimineller, deutsch
BERNARDO: sein Freund
VEREZZI: ein Künstler, Träumer, Italiener
VICTOR: sein Tutor
MATILDA: Zigeunerin, schwarzhaarige Schönheit
JULIA: Aristokratin, blonde Schönheit

Inhaltsüberblick

Italien im 19. Jahrhundert. Vor vielen Jahren hat Verezzi Zastrozzis Mutter getötet, doch daran hat er keine Erinnerung mehr. Zastrozzi jagt ihn, den *artiste*, seit drei Jahren, um Rache zu nehmen. Aber Verezzi, der sich für einen Heiligen hält und dessen Verstand sich mehr und mehr verdunkelt, konnte ihm bisher entkommen, weil er von Victor, einem verhinderten Priester, aufgrund eines alten Versprechens beschützt wird. Eines Tages jedoch stellt Zastrozzi Verezzi. Zunächst will er seinen Gegner durch einen komplizierten Plan in den Selbstmord treiben. Als dies mißlingt, macht er sich, bewaffnet mit seinem Degen, auf den Weg in ein altes Gefängnis, wo sich inzwischen Victor Verezzi versteckt hält. Mehr oder weniger zufällig treffen dort alle Beteiligten aufeinander. In einem teilweise sehr komischen *showdown* tötet Julia Matilda, Bernardo Julia, Zastrozzi Bernardo und schließlich Victor. Nur Verezzi, der die ganze Zeit in einer Ecke geschlafen hat, überlebt. Zastrozzi weckt ihn, tötet ihn aber nicht, weil ihm plötzlich bewußt wird, daß das Vorhaben, Verezzi zu jagen, ihn schon lange nicht mehr erfüllt. Doch er braucht nach wie vor ein Ziel. Er schickt Verezzi fort und läßt ihm einen Tag Vorsprung, um dann die Verfolgung doch wieder aufnehmen zu können.

Hintergrund und Kommentar

George F. Walkers *Zastrozzi* ist das älteste der in diesem Buch vorgestellten kanadischen Dramen. Es wurde im Jahre 1977 geschrieben und basiert auf einer von dem zehnjährigen P. B. Shelley verfaßten gleichnamigem *novelette*, in der sich Europas größter Bösewicht, Zastrozzi, auf die end- und erbarmungslose Suche nach Verezzi begibt, um an ihm Vergeltung zu üben - nicht nur weil ihm die Beteiligung an der Ermordung der Mutter Zastrozzis zur Last gelegt wird, sondern auch, weil er Verezzis Lächeln nicht mag. Oberflächlich betrachtet ist das Stück ein Melodrama; doch es ist mehr als dies, es muß auch als ein *morality play* verstanden werden. Zentrales Thema ist das Böse, und die zentrale Frage des Stückes ist: Wer wird in einer gottlosen Welt das Böse bestrafen und die Bösewichte richten? Zastrozzi ist die Inkarnation des Bösen. Er sinnt auf Rache, obwohl der eigentliche Grund dafür letztlich vage bleibt. Sein Denken und Trachten ist einzig auf die Vernichtung Verezzis gerichtet, jenes geistesschwachen Malers, Dramatikers und Tänzers, der sich für Gottes Boten hält und seinen vermeintlich von einer höheren Macht inspirierten Unsinn fabriziert. Verezzi ist ein Mensch mit Visionen, Zastrozzi der „Meister der Disziplin", wie er im Untertitel genannt wird.

Das Stück ist mit großem Erfolg in Kanada, den USA, England, Australien und Neuseeland aufgeführt und ins Französische, Japanische und Portugiesische übersetzt worden. Die Gründe für den hohen Grad an Akzeptanz beim Publikum liegen zum einen in dem großen Unterhaltungswert von *Zastrozzi* als einem draufgängerischen Melodrama mit vielen Duellen, mit bissigen und schlagfertigen Wortwechseln, zum anderen darin, daß das Stück die geheimnisvolle Beziehung zwischen Gut und Böse zum Gegenstand hat. Zastrozzi nennt Verezzi zynisch „den Christen, den großen Liebenden, den Optimisten". „Aber", so meint der Kritiker John Bemrose, „die vorgegebene Tugend Verezzis ist ein totaler Schwindel. Er ist nicht nur feige, sondern auch äußerst selbstsüchtig. Er steht symbolisch für die Hohlheit moralischer Konventionen, während Zastrozzi die dämonische Macht verkörpert, die durch Schwäche und Heuchelei unweigerlich auf den Plan gerufen wird". Dies macht Walkers *Zastrozzi* zu einem Stück, das auch in unsere Zeit paßt, in der - noch einmal mit den Worten von Bemrose - „sogenannte zivilisierte Gesellschaften Millionen Menschen in Gaskammern töten und Berge von Waffen anhäufen, mit denen unser ganzer Planet zerstört werden kann. Im letzten personifizieren Zastrozzi und Verezzi die einander bekämpfenden Hälften des Geistes unserer Tage".

George F. Walker kam es bei seiner eigenen Inszenierung von *Zastrozzi* - zehn Jahre nach der Erstaufführung - sehr darauf an, frühere Produktionen vergessen zu machen, in denen die komische Komponente, an der dem Autor sehr viel liegt, zu wenig zur Geltung kam.

Themen

- Verbrecher, Rache und Vergeltung
- Kampf zwischen Gut und Böse
- Bedeutung der Kunst
- Vernunft versus Wahnsinn

****

Satan with a sword

The secret of *Zastrozzi's* fame is not hard to divine. On its most literal level it is grand entertainment, a swashbuckling 19th-century-style melodrama with a clean story line featuring lots of sword fights and acid-tongued repartee. But the play is also a penetrating study of the mysterious relationship between good and evil. Zastrozzi, the master criminal of Europe, has set out cold-bloodedly to murder Verezzi, an artist he sneeringly describes as "the Christian, the great lover, the optimist." But Verezzi's supposed virtue is entirely bogus: he is not only a coward but deeply selfish. Symbolically, he stands for the hollowness of conventional morality, while the killer Zastrozzi is the demonic power that such weakness and hypocrisy inevitably attract. *Zastrozzi* is very much a play for modern times, when "civilized" societies of educated people murder millions in gas chambers and hoard weapons capable of destroying the planet. Ultimately, Zastrozzi and Verezzi personify warring halves of the contemporary mind.

Evil as he is, Zastrozzi is strangely attractive. And his energy and passionate, irony-laced speeches make the role irresistible for actors. One of Walker's favorite Zastrozzis was Colin Friels, the Australian actor who recently starred in the film *Kangaroo*. Friels appeared in a 1985 production of the play in Sydney, Australia, which Walker claims enlightened him about the drama's possibilities. "Colin brought a kind of gutter sensuality to the role," Walker says. "He made me want to do the play again, making it as visceral and down-to-earth as possible."

Walker hopes that his own interpretation of *Zastrozzi* will help erase the memory of some earlier productions, including one in New York. There, the director insisted that the script could not be given a humorous interpretation; as a result, the play had the solemnity of a memorial service. Walker's own production plays the jokes to the hilt, drawing on the comic talents of a cast—including Hogan's wife, Susan—that he considers ideal.

But for all his enthusiasm about the revival, Walker admits that directing it has been a strain. "I wake up every morning feeling I've got a tractor on my chest," he says. The experience has also rekindled the state of mind in which Walker wrote the play, when he was obsessed with its images without fully understanding what they meant. Still, it is also obvious that he enjoys *Zastrozzi's* latest incarnation. "I look forward to renewing that nightly contract with the audience," he says. "What will happen? How will Zastrozzi affect the viewers? And how will they affect him?" *Zastrozzi* may be a surefire hit, but for its creator it is the very uncertainty of the theatrical experience that imparts the essential edge.

—JOHN BEMROSE

(MacLean's, May 25, 1987, 55)

George F. Walker, *Zastrozzi* (Produktion des *Toronto Free Theatre*, 1977), Photograph:
Robert C. Ragsdale; Photo zur Verfügung gestellt von: Playwrights Canada Press

Weitere Empfehlungen

Gesellschaftskritische Kommentare

CARLEY, Dave: *Midnight Madness*

GRIFFITHS, Linda/CAMPBELL, Maria: *Jessica*

HOLLINGSWORTH, Margaret: *War Babies*

LILL, Wendy: *All Fall Down*

MCCLELLAND GLASS, Joanna: *If We Are Women*

MOHER, Frank: *Odd Jobs*

ROBINSON, Mansel: *Colonial Tongues*

TREMBLAY, Michel: *Le Vrai Monde?/The Real World?*

WALKER, George F.: *Nothing Sacred*

WALKER, George F.: *Escape From Happiness*

Überleben und Tod und deren Einfluß auf das menschliche Miteinander

FOSTER, Norm: *The Melville Boys*

HAYES, Elliott: *Homeward Bound*

SHERMAN, Jason: *Three in the Back, Two in the Head*

Was Kriege anrichten

CHISLETT, Anne: *Quiet in the Land*

MURRELL, John: *Waiting for the Parade*

SEREMBA, George: *Come Good Rain*

Zeitgenössische Stücke über bekannte Dramenfiguren

CLARK, Sally: *Jehanne of the Witches*

GASS, Ken: *Claudius*

MACDONALD, Ann-Marie: *Goodnight Desdemona (Good Morning Juliet)*

... und noch vieles mehr

CARSON, Linda: *Dying to be Thin*

COLLEY, Peter: *I'll Be Back Before Midnight*

FOSTER, Norm: *Opening Night*

MILLAN, Jim/BROOKER, Blake: *Serpent Kills*

PANYCH, Morris: *The Ends of the Earth*

PORTER, Deborah: *Flowers*

WARREN, Dianne: *Club Chernobyl*

MACIVOR, Daniel: *Wild Abandon*

Bühnenstücke für Kinder

LAZARUS, John: *The Nightingale*

ROCA, Maristella: *Pinocchio*

WING, Paula: *Naomi's Road*

Gesellschaftskritische Kommentare

CARLEY, Dave: *Midnight Madness*

Erstaufführung	11. August 1988 Co-Produktion des *Muskoka Festival* und des *Arbor Theaters*, im *Gravenhurst Opera House*, Gravenhurst, Ontario
Regisseur	Bill Glassco
Besetzung	2 (1 Frau, 1 Mann)
Bühnenbild	Schlafzimmerabteilung eines Möbelhauses
Verlag/Ort/Jahr	Blizzard Publishing, Winnipeg, Manitoba 1989
Umfang	ca. 90 Seiten
Aufführungsrechte	Patricia Ney, Christopher Banks & Associates Inc., Toronto, Ontario

Mit dem letzten Schlußverkauf geht die Ära von „Blooms Möbelgeschäft" zu Ende. Wesley hat zehn Jahre lang die Betten-Abteilung geleitet, und seine Zukunft sieht nun düster aus. Kurz vor Mitternacht kommt Anna in sein einsames Reich, und beider Leben nimmt für immer einen anderen Kurs.

GRIFFITHS, Linda / CAMPBELL, Maria: *Jessica*

Erstaufführung	Oktober 1981 Co-Produktion des *25th Street House Theatre* in Saskatoon, Saskatchewan, und des *Théâtre Passe Muraille* in Toronto, Ontario
Regisseur	Paul Thompson
Besetzung	6 (3 Frauen, 3 Männer; davon 4 Doppelrollen)

Bühnenbild	Verschiedene Handlungsorte, u.a. Wildnis, Küche, Hotelzimmer, Apartment, Anwaltsbüro
Verlag/Ort/Jahr	In: *The Book of Jessica. A Theatrical Transformation*, The Coach House Press, Toronto, Ontario 1989, S. 113-175
Umfang	ca. 62 Seiten
Aufführungsrechte	Shain Jaffe, Great North Artists Management Inc., Toronto, Ontario; Patricia Ney, Christopher Banks & Associates, Toronto, Ontario

Eine Métis bricht zu einer spirituellen Reise auf. Ihre Vergangenheit wird nachgespielt von „Bär", „Kojote", „Wölfin" und „Einhorn".

HOLLINGSWORTH, Margaret: *War Babies*

Erstaufführung	Januar 1984 Co-Produktion des *Belfry Theatre*, Victoria, British Columbia und des *New Play Centre*, Vancouver, British Columbia
Regisseur	James Roy
Besetzung	10 (4 Frauen, 6 Männer)
Bühnenbild	Verschiedene Handlungsorte, u.a. Stadthaus mit Schlafzimmer im oberen Stock, Küche, Gefängnis, Hörsaal
Verlag/Ort/Jahr	In: *Willful Acts*, The Coach House Press, Toronto, Ontario 1985, S. 147-223
Umfang	ca. 74 Seiten
Aufführungsrechte	Krisztina Bevilacqua, Toronto, Ontario

Nach zwanzig Jahren Ehe erwarten Esme, eine zweiundvierzigjährige Theaterautorin, und Colin, ein Kriegsberichterstatter, ein Kind. Ängste vor der späten Mutterschaft und auch der latente Antagonismus zwischen Mann und Frau aus zwei Jahrzehnten des Zusammenlebens werden immer stärker, je näher der Termin der Geburt rückt.

LILL, Wendy: *All Fall Down*

Erstaufführung	Februar 1992 *Alberta Theatre Exchange*, Calgary, Alberta
Regisseur	Mary Vingoe
Besetzung	7 (3 Frauen, 4 Männer)
Bühnenbild	Verschiedene Handlungsorte, u.a. Haus mit Blick auf Hafen in einer kleinen Stadt in Nova Scotia, Büro
Verlag/Ort/Jahr	Talonbooks, Vancouver, British Columbia 1994
Umfang	ca. 116 Seiten
Aufführungsrechte	Wendy Lill, 20 Summit St., Dartmouth, Nova Scotia, B2Y 3A2; Krisztina Bevilacqua, Toronto, Ontario

Vor dem Hintergrund eines vermeintlichen Falls von sexuellem Mißbrauch in einer Kindertagesstätte untersucht das Stück die Wurzeln von Intoleranz und Hysterie und deren Auswirkungen auf die Liebe.

MCCLELLAND GLASS, Joanna: *If We Are Women*

Erstaufführung	Juli 1993 *Williamstown Theatre Festival*, Williamstown, Mass., USA
Regisseur	Austin Pendleton
Besetzung	4 Frauen
Bühnenbild	Ein zweistöckiges Strandhaus in der Nähe von Mulberry Point, Guilford, Connecticut;

sonniger Samstagmorgen im späten Juni, nach einem Sturm

Verlag/Ort/Jahr   Playwrights Canada Press, Toronto, Ontario 1994

Umfang   ca. 100 Seiten

Aufführungsrechte   Lucy Kroll Agency, New York, New York

An einem sonnigen Samstag im Sommer sitzen zwei Großmütter, eine Tochter und eine Enkelin zusammen auf der Terrasse eines Strandhauses. Die drei älteren Frauen unterhalten sich über ihre Vergangenheit und Gegenwart und sind äußerst erstaunt über den Entschluß der Enkelin, alles, was sie erfahren hat, zu ignorieren und ihre eigenen Erfahrungen zu machen.

MOHER, Frank: *Odd Jobs*

Erstaufführung   23. Oktober 1985
Co-Produktion des *Catalyst Theatre* und des *Theatre Network*, Edmonton, Alberta

Regisseur   Jan Selman

Besetzung   3 (2 Frauen, 1 Mann)

Bühnenbild   Verschiedene Handlungsorte in Edmonton, Alberta, u.a. Hof, Straße; Gegenwart

Verlag/Ort/Jahr   Playwrights Canada Press, Toronto, Ontario 1985

Umfang   ca. 89 Seiten

Aufführungsrechte   Shain Jaffe, Great North Artists Management Inc., Toronto, Ontario

Tim hat seinen Job in einer Fabrik verloren, findet aber Zufriedenheit in der Anstellung bei einem pensionierten Professor. Als Tims Frau eine Stelle in einer anderen Stadt angeboten wird, prallen die Hoffnungen und Bedürfnisse der drei aufeinander.

ROBINSON, Mansel: *Colonial Tongues*

Erstaufführung	28. September 1993 Produktion des *25th Street Theatre* in Saskatoon, Saskatchewan
Regisseur	Rod MacIntyre
Besetzung	5 (2 Frauen, 3 Männer)
Bühnenbild	Überreste einer Kleinstadt im nördlichen Ontario; auf der Bühne sind, u.a. 2 Stühle, 1 Tisch, Werkzeug, 1 Koffer; Juni 1967 und Juni 1995
Verlag/Ort/Jahr	Playwrights Canada Press, Toronto, Ontario 1995
Umfang	ca. 90 Seiten
Aufführungsrechte	Mansel Robinson c/o Playwrights Union of Canada

Ort der Handlung ist eine Geisterstadt im nördlichen Ontario, in der die Barnetts leben. Sie stellen einander Fragen über Gemeinschaft und Familie, über solche, die sich durchbeißen, über andere, die möglichst bald davonlaufen möchten, und über das, was häusliches Leben jenseits der 200-Meilen-Zone des Wohlstands entlang der amerikanisch-kanadischen Grenze ausmacht und bedeutet. Die Handlung wechselt zwischen zwei Zeitepochen, dem Vorabend der Jahrhundertfeier Kanadas (1967) und dem Jahr 1995.

TREMBLAY, Michel: *Le Vrai Monde?/The Real World?*

Erstaufführung (frz.)	5. April 1987 *Théâtre du Rideau Vert*, Montréal, Québec
Regisseur	André Brassard
Erstaufführung (engl.)	24. Mai 1988 *Tarragon Theatre*, Toronto, Ontario
Regisseur	Bill Glassco

Besetzung	7 (4 Frauen, 3 Männer)
Bühnenbild	Ein Wohnzimmer
Verlag/Ort/Jahr	(engl. Ausgabe) Talonbooks, Vancouver, British Columbia 1988
Umfang	ca. 75 Seiten
Aufführungsrechte	J.C. Goodwin and Associates, Montréal, Québec

Ein ernsthafter junger Dramatiker benutzt seine eigenen tatsächlichen Familienkonflikte, um eine parallele Wirklichkeit zu schaffen - aber hat er überhaupt das Recht, die Geister seiner Familie bloßzustellen?

WALKER, George F.: *Nothing Sacred*

Erstaufführung	14. Januar 1988 Produktion der *CentreStage Company* im *Bluma Appel Theatre* des *St. Lawrence Centre for the Arts* in Toronto, Ontario
Regisseur	Bill Glassco
Besetzung	11 (2 Frauen, 9 Männer)
Bühnenbild	Verschiedene Handlungsorte in Rußland; Spätfrühling 1859
Verlag/Ort/Jahr	The Coach House Press, Toronto, Ontario 1988
Umfang	ca. 100 Seiten
Aufführungsrechte	Shain Jaffe, Great North Artists Management Inc., Toronto, Ontario

Bazarov ist ein arroganter, „nihilistischer" Rebell, dessen Mission es ist, das Gefüge jeglicher etablierter Ordnung zu zerstören. Eine respektlose und ungeschminkte Adaptation von Ivan Turgenevs *Väter und Söhne* aus dem Jahre 1861.

WALKER, George F. : *Escape From Happiness*

Erstaufführung	Juli 1991 Co-Produktion der *New York Stage and Film Company* und des *Powerhouse Theatre* im *Vassar College*, Poughkeepsie, New York
Regisseur	Max Mayer
Besetzung	10 (5 Frauen, 5 Männer)
Bühnenbild	Eine heruntergekommene Küche
Verlag/Ort/Jahr	Coach House Press, Toronto, Ontario 1992
Umfang	ca. 116 Seiten
Aufführungsrechte	Shain Jaffe, Great North Artists Management Inc., Toronto, Ontario

Eine große und emotional verstrickte Familie kämpft gegen die auf sie einstürzende feindliche und komplexe Welt. Die Frauen dieser Familie organisieren sich, um die aggressiven Kräfte des Zerfalls zu besiegen.

Überleben und Tod und deren Einfluß auf das menschliche Miteinander

FOSTER, Norm: *The Melville Boys*

Erstaufführung	Oktober 1984
	Produktion des *Theatre New Brunswick* in Fredericton, New Brunswick
Regisseur	Malcolm Black
Besetzung	4 (2 Frauen, 2 Männer)
Bühnenbild	Ein kleines Haus an einem See
Verlag/Ort/Jahr	Playwrights Canada Press, Toronto, Ontario 1984
Umfang	ca. 113 Seiten
Aufführungsrechte	Patricia Ney, Christopher Banks & Associates Inc., Toronto, Ontario

Owen und Lee Melville sind für ein Wochenende in die an einem See gelegene Hütte ihres Onkels gefahren, um zu fischen und Bier zu trinken. Ihre Pläne werden jedoch durch die Ankunft zweier Schwestern durchkreuzt. Die Frauen bleiben über Nacht und werden zu Katalysatoren einer zärtlich-komischen und unsentimenalen Betrachtung der vier im Wandel begriffenen Leben.

HAYES, Elliott: *Homeward Bound*

Erstaufführung	Juli 1991
	The Stratford Festival, Stratford, Ontario
Regisseur	Marti Maraden
Besetzung	6 (2 Frauen, 4 Männer)
Bühnenbild	Ein Wohnzimmer
Verlag/Ort/Jahr	Playwrights Canada Press, Toronto, Ontario 1992

Umfang	ca. 114 Seiten
Aufführungsrechte	Agency for the Performing Arts, New York, New York; Harold Schmidt Literary Agency, New York, New York

Eine Komödie moderner Umgangsformen: Bonnie Beachams Tochter ist schwanger, ihr Schwiegersohn hat womöglich die Kinder entführt, die Liebhaberin ihres Sohnes taucht auf, um alles in Ordnung zu bringen, und ihr Mann faßt gelassen den Entschluß, sich umzubringen.

SHERMAN, Jason: *Three in the Back, Two in the Head*

Erstaufführung	Januar 1994 Co-Produktion der *Necessary Angel Theatre Company*, des *Tarragon Theatre* und des *National Arts Centre* im *Tarragon Theatre*, Toronto, Ontario
Regisseur	Richard Rose
Besetzung	5 (1 Frau, 4 Männer)
Bühnenbild	Verschiedene Handlungsorte, u.a. Friedhof, verschiedene Büros
Verlag/Ort/Jahr	Playwrights Canada Press, Toronto, Ontario 1994
Umfang	ca. 78 Seiten
Aufführungsrechte	Jason Sherman, c/o Tarragon Theatre, Toronto, Ontario

Das Stück ist eine Debatte über die Staatsmoral, die sich nicht immer mit persönlichem Moralverständnis deckt. Es behandelt insbesondere die Themen Loyalität und Betrug.

Was Kriege anrichten

CHISLETT, Anne: *Quiet in the Land*

Erstaufführung	3. Juli 1981 *Blyth Summer Festival*, Blyth, Ontario
Regisseur	Guy Sprung
Besetzung	15 (6 Frauen, 9 Männer) und zusätzliche Kinder
Bühnenbild	Verschiedene Handlungsorte in einer landwirtschaftlich genutzten Gegend in der Nähe von Kitchener, Ontario; 1917 (Akt I), 1918 (Akt II)
Verlag/Ort/Jahr	Coach House Press, Toronto, Ontario 1983
Umfang	ca. 110 Seiten
Aufführungsrechte	Robert A. Freedman Agency, New York, New York

Yock löst eine Krise in seiner streng pazifistischen Amish-Gemeinde aus, als er sich freiwillig für den Ersten Weltkrieg meldet. An einem konkreten Einzelschicksal behandelt das Stück die generellen Konflikte zwischen persönlichen Überzeugungen einerseits und den Anforderungen einer Gemeinschaft - sei es der Gemeinde, sei es der Nation - andererseits.

MURRELL, John: *Waiting for the Parade*

Erstaufführung	4. Februar 1977 Alberta Theatre Projects, Canmore Opera House, Calgary, Alberta
Regisseur	Douglas Riske
Besetzung	5 Frauen
Bühnenbild	Bühne mit Klavier und je nach Szene mit wechselnden Utensilien
Verlag/Ort/Jahr	Talonbooks, Vancouver, British Columbia 1980
Umfang	ca. 96 Seiten
Aufführungsrechte	John Murrell, 129-10th Avenue N.E. Calgary, Alberta T2E 0W8

Zur Zeit des Ersten Weltkrieges leisten fünf Frauen in Calgary Kriegsarbeit, während ihre Männer auf dem europäischen Kontinent kämpfen. Tragik und Humor verflechten sich, als jede der Frauen auf ihre Weise versucht, mit den Einschränkungen fertigzuwerden, die der Krieg ihr im täglichen Leben abverlangt.

SEREMBA, George: *Come Good Rain*

Erstaufführung	Februar 1992 Produktion von Jim Millan und Crow's Theatre, Factory Theatre Studio Café, Toronto, Ontario
Regisseur	Sue Miner
Besetzung	31; mögliche Verteilung: 1 (George Seremba hat bei der Premiere alle Rollen selbst gespielt)
Bühnenbild	Keine näheren Angaben in der entsprechenden Ausgabe

Verlag/Ort/Jahr	Blizzard Publishing, Winnipeg, Manitoba 1993
Umfang	ca. 57 Seiten
Aufführungsrechte	David M. Fox, Los Angeles, California

Come Good Rain spielt in Uganda während der turbulenten und mörderischen Regierungszeiten von Idi Amin und Milton Obote. Dokumentiert wird George Serembas Leben als junger Mann, sein Studium der Literatur und der Theaterwissenschaften und seine fortwährende Angst um Freunde und Familie.

Zeitgenössische Stücke über bekannte Dramenfiguren

CLARK, Sally: *Jehanne of the Witches*

Erstaufführung	November 1989 *Tarragon Theatre*, Toronto, Ontario
Regisseur	Clarke Rogers
Besetzung	25; mögliche Verteilung: 8 (3 Frauen, 5 Männer)
Bühnenbild	Verschiedene Handlungsorte in Frankreich u.a. Kirche, Wald, Burg; 1422
Verlag/Ort/Jahr	In: *Big-Time Women From Way Back When*, Playwrights Canada Press, Toronto, Ontario 1993, S. 17-141
Umfang	ca. 124 Seiten
Aufführungsrechte	Patricia Ney, Christopher Banks & Associates Inc., Toronto, Ontario

Der Gegensatz Christentum - Heidentum bildet den Hintergrund für dieses „Stück im Stück" über die Beziehung zwischen Johanna von Orléans und dem berühmt-berüchtigten Massenmörder Gilles de Rais, dem historischen Vorbild für die aus Literatur und Legende bekannte Figur des Blaubart.

GASS, Ken: *Claudius*

Erstaufführung	September 1993 Produktion des *Canadian Rep Theatre* im *Factory Theatre*, Toronto, Ontario
Regisseur	Ken Gass
Besetzung	10 (4 Frauen, 6 Männer)
Bühnenbild	Verschiedene Handlungsorte, u.a. Kirche, Friedhof, königliches Schlafgemach, Regierungszimmer
Verlag/Ort/Jahr	Playwrights Canada Press, Toronto, Ontario1995
Umfang	ca. 120 Seiten
Aufführungsrechte	Playwrights Union of Canada; Charles Northcote, The Core Group Talent Agency Inc., Toronto, Ontario

Anders als bei Shakespeare steht in diesem Stück die Beziehung zwischen Hamlets Mutter Gertrude und seinem Onkel und Stiefvater Claudius im Mittelpunkt. Der Widerstreit von persönlichen und politischen Intrigen macht Hamlets Geschichte zu einer düster-farcenhaften Auseinandersetzung mit der Korrumpierbarkeit gesellschaftlicher Institutionen.

MacDONALD, Ann-Marie: *Goodnight Desdemona (Good Morning Juliet)*

Erstaufführung	Frühling 1988 Produktion des *Nightwood Theatre* im *Annex Theatre*, Toronto, Ontario
Regisseur	Banuta Rubess
Besetzung	15 (6 Frauen, 9 Männer) + Chor; mögliche Verteilung: 5 (3 Frauen, 2 Männer)
Bühnenbild	Verschiedene Handlungsorte, u.a. Desdemonas Schlafzimmer, Krypta, Büro in einer Universität, Zitadelle auf Zypern, Platz in Verona, Romeo und Julias Schlafzimmer, öffentlicher Platz, Festsaal, Balkon mit Blick auf Obstgarten, Friedhof, Julias Balkon
Verlag/Ort/Jahr	The Coach House Press, Toronto, Ontario 1990
Umfang	ca. 87 Seiten
Aufführungsrechte	Susan Schulman, New York, N.Y.; Talent Group Agency, Toronto, Ontario

Constance Ledbelly versucht, ein verschlüsseltes Manuskript zu entziffern, von dem sie glaubt, es sei die verlorene Quelle von *Othello* und *Romeo und Julia*. Sie enträtselt nicht nur das Manuskript, sondern gerät buchstäblich in beide Stücke hinein und sorgt so dafür, daß sie sich von Tragödien zu Komödien wandeln.

... und noch vieles mehr

CARSON, Linda A.: *Dying to be Thin*

Erstaufführung	10. November 1992 *Carousel Theatre*, Vancouver, British Columbia
Regisseur	Pam Johnson
Besetzung	1 Frau (17 Jahre alt)
Bühnenbild	Zimmer einer Jugendlichen; Gegenwart
Verlag/Ort/Jahr	Scirocco Drama, J. Gordon Shillingford Publishing Ltd., Victoria, British Columbia 1993
Umfang	ca. 35 Seiten
Aufführungsrechte	Kenn Walker, Vancouver, British Columbia

Dying to Be Thin ermöglicht den Blick hinter verschlossene Türen, in das einsame Leben eines jungen Mädchens, das gegen Bulimie ankämpft. Das Stück erzählt die Geschichte Amandas, der Planung ihres allerletzten Freßgelages und ihrer Erkenntnis, daß sie Hilfe braucht.

COLLEY, Peter: *I'll Be Back Before Midnight*

Erstaufführung	Sommer 1979 *Blyth Festival*, Blyth, Ontario
Regisseur	Keith Batten
Besetzung	4 (2 Frauen, 2 Männer)
Bühnenbild	Alter Bauernhof, ca. 3 Stunden Fahrt von einer Großstadt entfernt
Verlag/Ort/Jahr	Baker's Plays, Boston 1985

Umfang	ca. 76 Seiten
Aufführungsrechte	Autor, Los Angeles; Playwrights Union of Canada, Toronto, Ontario

Ein Ehepaar mietet ein altes Bauernhaus in der Hoffnung, daß die friedliche Ruhe der Frau hilft, sich von einem Nervenzusammenbruch zu erholen. Doch der Besitzer erzählt ihnen Geschichten von Mord und Gespenstern.

FOSTER, Norm: *Opening Night*

Erstaufführung	Juni 1989 *The Piggery Theatre*, North Hatley, Québec
Regisseur	Gregory Tuck
Besetzung	8 (3 Frauen, 5 Männer)
Bühnenbild	Verschiedene Handlungsorte, u.a. VIP-Lounge eines Theaters, Loge
Verlag/Ort/Jahr	Playwrights Canada Press, Toronto, Ontario 1991
Umfang	ca. 115 Seiten
Aufführungsrechte	Patricia Ney, Christopher Banks & Associates Inc., Toronto, Ontario

Während der Eröffnungsvorstellung eines neuen Theaterstückes passiert im Zuschauerraum mehr als auf der Bühne. Ein einfühlsamer Blick hinter die Kulissen menschlicher Beziehungen.

MILLAN, Jim / BROOKER, Blake: *Serpent Kills*

Erstaufführung	Juni 1989 Co-Produktion des *Crow's Theatre* und des *One Yellow Rabbit Performance Theatre* im *Tarragon Theatre Extra Space*, Toronto, Ontario
Regisseur	Peter Hinton
Besetzung	6 (3 Frauen, 3 Männer) und andere
Bühnenbild	Verschiedene Handlungsorte, u.a. Vorstadt Kellerparty in Montréal, Mirabel Airport (Montréal), Disco
Verlag/Ort/Jahr	Playwrights Canada Press, Toronto, Ontario 1994
Umfang	ca. 115 Seiten
Aufführungsrechte	Greg Brown, Brown Management Services, Toronto, Ontario; Playwrights Union Canada, Toronto, Ontario

In den späten siebziger Jahren werden zwanzig Touristen zu Mordopfern einer Bande von Betrügern. Eine Kanadierin verliebt sich in den Anführer und wird Komplizin bei einer Anzahl internationaler Verbrechen.

PANYCH, Morris: *The Ends of the Earth*

Erstaufführung	September 1992 *Arts Club Theatre*, Vancouver, British Columbia
Regisseur	Morris Panych
Besetzung	20 (8 Frauen, 12 Männer); mögliche Verteilung: 5 (2 Frauen, 3 Männer)
Bühnenbild	Verschiedene Handlungsorte, u.a. Veranda, Park, Büro, Wohnblock

Verlag/Ort/Jahr	Talonbooks, Vancouver, British Columbia 1993
Umfang	ca. 140 Seiten
Aufführungsrechte	Patricia Ney, Christopher Banks & Associates Inc., Toronto, Ontario

Frank, der sein ganzes Leben unbedeutenden Dingen gewidmet hat, und Walker, der seit seinem dritten Lebensjahr infolge eines Blitzschlags paranoid ist, versuchen zwar voreinander zu fliehen, laufen aber tatsächlich einander nach. Sie befinden sich in einem heruntergekommenen Hotel, das von der tauben Willy und der blinden Alice geführt wird. Alice hat eine tödliche Abneigung gegenüber Besuchern.

PORTER, Deborah: *Flowers*

Erstaufführung	Januar 1993 *The Canadian Stage Company's Berkeley Street Theatre*, Toronto, Ontario
Regisseur	Peter Hinton
Besetzung	5 Frauen
Bühnenbild	Leere Bühne bis auf einige Stühle und Kommoden (Andeutung einer nicht-realen Welt); 1934, 1970
Verlag/Ort/Jahr	In: *Flowers & No More Medea*, Playwrights Canada Press, Toronto, Ontario 1994, S. 7-86
Umfang	ca. 79 Seiten
Aufführungsrechte	Jerry Doiron, Toronto, Ontario

Auf einem kleinen Bauernhof im Norden Ontarios werden Fünflinge geboren. Später müssen die fünf erwachsenen Frauen kämpfen, um ihre eigenen individuellen Identitäten zu finden, nachdem das Wunder ihrer Geburt sie gemeinsam berühmt gemacht hat. Das Stück beruht auf einer wahren Begebenheit.

WARREN, Dianne: *Club Chernobyl*

Erstaufführung	März 1992 *25th Street Theatre*, Saskatoon, Saskatchewan
Regisseur	Tom Bentley-Fisher
Besetzung	6 (3 Frauen; 3 Männer) und ein Bassist
Bühnenbild	Verschiedene Handlungsorte, u.a. Schlaf- zimmer, Nachtclub einer Kleinstadt; Gegenwart
Verlag/Ort/Jahr	Coteau Books, Regina, Saskatchewan 1994
Umfang	ca. 70 Seiten
Aufführungsrechte	Dianne Warren, c/o Saskatchewan Play- wrights Centre, Box 3092, Saskatoon, Sas- katchewan, S7K 3S9

Dallas MacKenzies neuer Nachtklub ist nicht so beliebt, wie er es sich erhofft hatte. In der Nacht, die womöglich den Weltuntergang ankündigt, muß er mit einer unglücklichen Ehe, einem überfluteten Keller, einem „gestrandeten" Autofahrer und der Leiche einer tätowierten Frau zurechtkommen. Und dann sind da noch die Schatten auf dem gegenüberliegenden Gebäude ...

MacIVOR, Daniel: *Wild Abandon*

Erstaufführung	1988 Produktion des *Sword Theatre* in Zusam- menarbeit mit dem *Théâtre Passe Muraille*, Toronto, Ontario
Regisseur	Vinetta Strombergs
Besetzung	1 Mann
Bühnenbild	Bei der Premiere stellte das Bühnenbild eine *black box* dar mit einem Holzstuhl, einer Kette, einem weißem Vogelkäfig und einem übergroßen Ei

Verlag/Ort/Jahr	In: *See Bob Run & Wild Abandon*, Playwrights Canada Press, Toronto, Ontario 1990, S. 37-63
Umfang	ca. 26 Seiten
Aufführungsrechte	Patricia Ney, Christopher Banks & Associates Inc., Toronto, Ontario; Premier Artists, Toronto, Ontario

Die Geschichte eines jungen Mannes namens Steve und eines überdimensionalen Eis in einem Vogelkäfig. Mit schwarzem Humor betrachtet Steve das Leben, das Universum - und sein Ei.

Bühnenstücke für Kinder und Jugendliche

LAZARUS, John: *The Nightingale*

Erstaufführung	2. Februar 1994 *Young People's Theatre*, Toronto, Ontario
Regisseur	Sally Han
Besetzung	17; mögliche Verteilung: 8 (3 Frauen, 5 Männer)
Bühnenbild	Verschiedene Handlungsorte, u.a. Wald, Meeresküste, Kaiserpalast
Verlag/Ort/Jahr	In: *YPThree. Three Plays from Young People's Theatre*, Playwrights Canada Press, Toronto, Ontario 1994, S. 191-277
Umfang	ca. 86 Seiten
Aufführungsrechte	Patricia Ney, Christopher Banks & Associates Inc., Toronto, Ontario

Der reiche, aber kränkliche junge Kaiser wird durch den Gesang und die Freundschaft einer Nachtigall, die über Zauberkräfte verfügt, geheilt. Sie hat die Fähigkeit, schöner zu singen als jeder andere Vogel. Der machtgierige Musikmeister läßt die Nachtigall jedoch in einen Käfig sperren, verbannt sie aus dem Reich und läßt sie durch einen mechanischen Vogel ersetzen. Als der Tod des Kaisers näherkommt, kann ihn nur der Gesang der „echten" Nachtigall retten.

ROCA, Maristella: *Pinocchio*

Erstaufführung	Januar 1993
	Young People's Theatre, Toronto, Ontario
Regisseur	Richard Greenblatt
Besetzung	41; mögliche Verteilung: 9 (3 Frauen, 6 Männer)
Bühnenbild	Verschiedene Handlungsorte, u.a. Meeresboden, auf der Erde, Baum
Verlag/Ort/Jahr	In: *YPThree. Three Plays from Young People's Theatre*, Playwrights Canada Press, Toronto, Ontario 1994, S. 80-190
Umfang	ca. 110 Seiten
Aufführungsrechte	Patricia Ney, Christopher Banks & Associates Inc., Toronto, Ontario

Wie kann schon eine Marionette mit einem Herzen aus Holz ein Kind werden? Pinocchios Abenteuer führen ihn über die Wolken und unter das Meer. Eine Reise, die einer Achterbahnfahrt gleicht. Pinocchio ist auf der Suche nach dem Lied in seinem Herzen, doch muß er erst lernen, es zu hören.

WING, Paula: *Naomi's Road*

Erstaufführung	3. April 1992
	Young People's Theatre, Toronto, Ontario
Regisseur	Dennis Foon
Besetzung	16 (5 Frauen, 6 Männer, 5 Tiere); mögliche Verteilung: 8 (4 Frauen, 3 Männer)

Bühnenbild	Verschiedene Handlungsorte, u. a. Musik-zimmer, Schlafzimmer
Verlag/Ort/Jahr	In: *YPThree. Three Plays from Young People's Theatre*, Playwrights Canada Press, Toronto, Ontario 1994, S. 7-77
Umfang	ca. 70 Seiten
Aufführungsrechte	The Core Group Talent Agency, Toronto, Ontario

Die japanische Kanadierin Naomi Nakane liebt Puppen, und ihr Bruder liebt die Musik. Die Geschichte spielt 1940, und alles ist im Umbruch. Was passiert, wenn man alles verliert, sogar die eigene Familie? *Naomi's Road,* mit dem die Autorin den vielgelobten Roman *Obasan* (1981) von Joy Kogawa für ein junges Publikum adaptierte, ist die ergreifende Geschichte der Zwangsumsiedelung der japanisch-kanadischen Bevölkerung aus British Columbia zur Zeit des Zweiten Weltkrieges.

Agenturen der Autoren

Agency for the Performing Arts
(Theatre and Film)
88 Seventh Avenue
New York, New York
10106 U.S.A.
Tel.: (212) 582-1500
Fax: (212) 245-1647

Aurora Artists
Janine Cheeseman
696 Yonge Street # 606
Toronto, Ontario
M4Y 2A7
Tel.: (416) 929-2042

Author, Los Angeles
Playwrights Union Canada,
Toronto, Ontario

Krisztina Bevilacqua
85 Roosevelt Road
Toronto, Ontario
M4J 4T8
Tel.: (416) 463-7009

Greg Brown
Brown Management Services
55 West Lodge Avenue
Toronto, Ontario
M6K 2T6
Tel.: (416) 536-3127

CEAD
Centre des auteurs dramatiques
3450 rue Saint-Urbain
Montréal, Québec
H2X 2N5
Tel.: (514) 288-3384
Fax: (514) 288-7043

Coach House Press
50 Prince Arthur Avenue # 107
Toronto, Ontario
M5R 1B5

Creative Technique Inc.
Suzanne DePoe
P.O. Box 311, Station F
Toronto, Ontario
M4Y 2L7
Tel.: (416) 466-4173

Des Landes, Dickinson et Associés
Marie-Francine Des Landes
4171 Hampton Avenue
Montréal, Quebec
H4A 2L1
Tel.: (514) 484-3696
Fax: (514) 487-6184

Jerry Doiron
c/o Necessary Angel Theatre Company
490 Adelaide Street West # 201
Toronto, Ontario
M5T 1T2
Tel.: (416) 365-0406
Fax: (416) 363-8702

David M. Fox
11100 Santa Monica Boulevard
1770
Los Angeles, California
90025 U.S.A.

Robert A. Freedman Agency
1501 Broadway # 2310
New York, New York
10036 U.S.A.
Tel.: (212) 840-5760

J.C. Goodwin and Associates
Natalie Goodwin
893 rue Sherbrooke Est # 2
Montréal, Quebec
H2L 1K6
Tel.: (514) 598-5252
Fax: (514) 598-1878

Shain Jaffe
Great North Artists Management Inc.
350 Dupont Street
Toronto, Ontario
M5R 1V9
Tel.: (416) 925-2051
Fax: (416) 925-3904

Lucy Kroll Agency
390 West End Avenue
New York, New York
10024-6107 U.S.A.
Tel.: (212) 877-0627
Fax: (212) 769-2832

Native Earth Performing Arts
506 Jarvis Street
Toronto, Ontario
M4Y 2H6
Tel.: (416) 922-7616

Patricia Ney
Christopher Banks & Associates Inc.
219 Dufferin Street # 305
Toronto, Ontario
M6K 1Y9
Tel.: (416) 530-4002
Fax: (416) 530-1848

Noble Talent Management
Angela Wright
2411 Yonge Street
Toronto, Ontario
M4P 2H4
Tel.: (416) 482-6556

Charles Northcote
The Core Group Talent Agency Inc.
3 Church Street # 507
Toronto, Ontario
M5E 1M2
Tel.: (416) 603-0819
Fax: (416) 603-0532

Premier Artists Ltd.
Anne Zemla/Paul Grosse
232-C Gerrard Street East
Toronto, Ontario
M5A 2E8
Tel.: (416) 461-6868

PUC
Playwrights Union of Canada
54 Wolseley Street, 2nd Floor
Toronto, Ontario
M5T 1A5
Tel.: (416) 947-0201
Fax: (416) 947-0159

Saskatchewan Playwrights Centre
Box 3092
Saskatoon, Saskatchewan
S7K 3S9

Harold Schmidt Literary Agency
668 Greenwich Street # 1005
New York, New York
10014 U.S.A.
Tel.: (212) 727-7473

Susan Schulmann
454 West 44th Street
New York, New York
10036 U.S.A.

Talent Group Agency
387 Bloor Street
West Toronto, Ontario
M4W 1H7
Tel.: (416) 961-3304

Tarragon Theatre
30 Bridgman Avenue
Toronto, Ontario
M5R 1X3
Tel.: (416) 536-5018
Fax: (416) 533-6372

Green Thumb Theatre for Young
People
1885 Venables Street
Vancouver, British Columbia
V5L 2H6
Tel.: (604) 254-4055
Fax: (604) 251-7002

Kenn Walker
c/o New Play Centre
1405 Anderson Street
Vancouver, British Columbia
V6H 3M8

Playwrights Union vorgestellt

Die *Playwrights Union of Canada* (PUC) vertritt die Interessen von mehr als 300 Bühnenautoren und Bühnenautorinnen aus Kanada.

PUC
Playwrights Union of Canada
54 Wolseley Street, 2nd Floor
Toronto, Ontario
M5T 1A5
Tel.: (416) 947-0201
Fax: (416) 947-0159

Carol Bolt stellt dieses wichtige Informationszentrum vor:

Vor mehr als zwanzig Jahren lud der *Canada Council* zu einer Konferenz in sein Domizil, Stanley House, auf der Halbinsel Gaspé (Quebec) ein. Wir fragten uns, wie man mit der verlockenden, aber schwierigen Situation fertig werden könnte, daß kanadische Theaterstücke tatsächlich auf kanadischen Bühnen inszeniert werden. Natürlich waren diese Bühnen nicht Teil des Netzwerks regionaler Theater, die anläßlich der Jahrhundertfeier der Unabhängigkeit im Jahre 1967 von kanadischen Architekten und Regierungen ins Leben gerufen worden waren. Diese großen und gut ausgerüsteten Bühnen, die oft unter der Leitung künstlerischer Direktoren von anderswo her - besonders aus New York oder London - standen, waren in aller Regel der englisch-kanadischen Theatertradition jener Zeit verhaftet. Es wurden Stücke inszeniert, die beispielsweise in New York oder London große Erfolge waren. Doch überall im Land, in Tiefgaragen oder über den Räumen einer Werkstatt, in verlassenen Feuerwehrhallen oder alten Lagerhäusern, spielte man neue Stücke von George Walker, David French und Sharon Pollock - vor Zuschauern, die begeistert waren, ein Theater gefunden zu haben, das sie unmittelbar ansprach.
Es war aufregend, ins Theater zu gehen und Premieren von Stücken wie *Creeps* von David Freeman oder *Les Belles-Soeurs* von Michel Tremblay zu erleben. Wir Bühnenautoren wollten sicher gehen, daß Stücke aus Vancouver oder Saskatoon auch in Halifax oder Toronto auf die Bühne gebracht werden konnten.
Die Gaspé-Konferenz führte zu einer weiteren Konferenz in Niagara-on-the-Lake, die ihrerseits eine Diskussionsrunde, den *Playwrights Circle*, ins Leben rief. Der wiederum stellte fest, daß nach allen Diskussionen nun etwas geschehen müsse.
Mit Hilfe eines der sagenhaften Zuschußprojekte für lokale Initiativen (LIP = *Local Initiatives Project*), mieteten wir alte Handkopierer und ein paar IBM-Maschinen und fingen an, Manuskripte herzustellen. Wir durchforsteten mein Probeexemplar von *Red Emma* für Svetlana Zylins Inszenierung in Vancouver. Wir entzifferten die Randnotizen in Rex Deverells Stücken für das *Globe Theatre* in Saskatchewan. Wir

nahmen Stücke des *Theatre Network, Green Thumb Theatre* und des *Théâtre Passe Muraille* mit dem Tonband auf.

So also entstand die *Playwrights Co-op*, aus der in typisch kanadischer Suche nach Identität sowohl *Playwrights Canada* also auch *The Guild of Canadian Playwrights* wurde. Beide hatten verschiedene Funktionen, nämlich Theatertexte zu veröffentlichen bzw. wichtige Vertragsverhandlungen zu führen. 1984 schlossen sie sich zur *Playwrights Union of Canada* zusammen.

Zwanzig Jahre später gilt die *Playwrights Union of Canada* (kurz: PUC) als *das* Informationszentrum für kanadische Stücke in englischer Sprache. Sie vertritt die Interessen von mehr als 300 professionellen Bühnenautor/inn/en aus allen Provinzen Kanadas, und ihr Katalog weist mehr als 1000 kanadische Stücke und Manuskripte auf. Neben dem Gesamtkatalog und dem Katalog für Jugendtheater (*Theatre for Young Audience*-Katalog) veröffentlicht die PUC jedes Jahr sechs neue Stücke und mindestens eine größere Anthologie unter dem Verlagsnamen *Playwrights Canada Press*. Sie ist damit die bedeutendste Instanz für die Verbreitung kanadischer Dramen. Die PUC ist außerdem für viele Mitglieder als Agentur tätig und kümmert sich um die Rechte nicht-professioneller Autoren. Aber am wichtigsten ist, daß sie noch immer und weiterhin kanadische Stücke der Öffentlichkeit und den Theatern zugänglich macht - durch Vergabe des Copyrights und durch die Beschaffung der in Kanada veröffentlichten Bühnenstücke.

Die PUC gibt außerdem alle zwei Monate einen Rundbrief mit dem Titel *Canplay* heraus. Sie bietet einen Korrekturleseservice und Informationen zu Vertragsabschlüssen für Bühnenautoren oder angehende Bühnenautoren an. Sie unterhält in jeder Provinz und in vielen Ländern der Welt sogenannte *Reading Rooms*, so daß kanadische Dramentexte eingesehen werden können. Nicht zuletzt arrangiert die PUC Lesungen und Workshops für ihre Mitglieder in Kanada.

Carol Bolt
Dezember 1993
(Aus dem Englischen übersetzt)

CEAD (Centre des auteurs dramatiques)
Zentrum für die Entwicklung, Förderung und Verbreitung von Theaterstücken aus Québec

CEAD
Centre des auteurs dramatiques
3450 rue Saint-Urbain
Montréal, Québec
H2X 2N5
Tel.: (514) 288-3384
Fax: (514) 288-7043

Seit mehr als 30 Jahren hat sich das *Centre des auteurs dramatiques* der Entwicklung des Theaters in Québec verschrieben. CEAD wurde 1965 von einer kleinen Gruppe von Schriftstellern mit der Absicht gegründet, die Entwicklung und Verbreitung einer nationalen Dramaturgie zu fördern. Heute sind 140 Bühnenautoren Mitglieder von CEAD. Sie sind das Zentrum einer engagierten und vielschichtigen Schriftstellergemeinde. CEAD hat sich als eine Werkstatt neuer Theaterentwicklung und als unschätzbares Forschungszentrum etabliert, das den Dramatikern unterschiedliche Hilfeleistungen anbietet. Es ist zu einer kulturellen Organisation geworden, die eine entscheidende Rolle bei der Förderung und Verbreitung von *Québecois Drama* in Québec selbst und in der gesamten Welt spielt.

Jeden Tag nutzen Regisseure, Schauspieler, Studenten, Professoren, Forscher, Lehrer, Mitglieder von örtlichen Theatergruppen, Journalisten und Dramaturgen aus Québec und dem Ausland die Hilfsmittel des Dokumentationszentrums. Dieses hat einen Bestand von über 2000 veröffentlichten und unveröffentlichten Theaterstücken aus Québec. Es verfügt ferner über eine Datenbank, in der Informationen zu Titel, Autor, Besetzung und Thema gespeichert sind.

Das Archiv des Dokumentationszentrums umfaßt umfangreiche Aktenbestände zu den verschiedenen Aspekten des Theaters dieser Region: Artikel über Autoren, Informationen zu Aufführungen, Saison-Spielpläne und Theaterprogramme. Diese Bestände erleichtern und unterstützen Forschungsprojekte über das Theater in Québec.

In Fragen des Copyright für die Aufführung eines Stücks vermittelt CEAD Kontakte zu den Autoren und deren Agenturen. Für weitere Informationen zu Verträgen und Lizenzgebühren stellt das Centre die Verbindung zu der *Association des auteurs dramatiques* (AQAD) her.

(Auschnitte aus einer Broschüre von CEAD, aus dem Französischen übersetzt)

Kurzbibliographie

ANTHOLOGIEN

Beissel, Henry (Hrsg.), *Cues and Entrances*, Second Edition, Vancouver: Gage Educational Publishing Company 1993.

Bessai, Diane/Kerr, Don (Hgg.), *NeWest Plays by Women*, Edmonton: NeWest Publishers 1987.

Brenna, Dwayne (Hrsg.), *Scenes from Canadian Plays. From Automatic Pilot to Zastrozzi. A Selection of Dialogues*, Saskatoon: Fifth House Publishers 1989.

Filewod, Alan (Hrsg.), *The CTR Anthology: Fifteen Plays from Canadian Theatre Review*, Toronto: University of Toronto Press 1993.

Hamill, Tony (Hrsg.), *The Perfect Piece. Monologues from Canadian Plays*, Toronto: Playwrights Canada Press 1990.

Hamill, Tony (Hrsg.), *Six Canadian Plays*, Toronto: Playwrights Canada Press 1992.

Hoyes, Mima (Hrsg.), *Contemporary Canadian Scripts*, Volume One, Scarborough: Prentice Hall Canada Inc. 1994.

Nolan, Yvette/Quan, Betty/Seremba, George Bwanika (Hgg.), *Beyond the Pale. Dramatic Writing from First Nations Writers & Writers of Colour*, Toronto: Playwrights Canada Press 1996.

Perkyns, Richard (Hrsg.), *Major Plays of the Canadian Theatre 1934-1984*, Toronto: Irwin Publishing 1984.

Plant, Richard (Hrsg.), *The Penguin Book of Modern Canadian Drama*, Vol.1, Markham: Penguin Books Canada 1984.

Sherman, Jason (Hrsg.), *Solo*, Toronto: Coach House Press 1994.

Wallace, Robert (Hrsg.), *Québec Voices. Three Plays*, Toronto: Coach House Press 1986.

Wasserman, Jerry, (Hrsg.), *Twenty Years at Play. A New Play Centre Anthology*, Vancouver: Talonbooks 1990.

Wasserman, Jerry (Hrsg.), *Modern Canadian Plays*, Vol.1, Vancouver: Talonbooks 1993.

Wasserman, Jerry (Hrsg.), *Modern Canadian Plays*, Vol.2, Vancouver: Talonbooks 1994.

Zimmerman, Cynthia (Hrsg.), *Taking the Stage. Selections from Plays by Canadian Women*, Toronto: Playwrights Canada Press 1994.

SEKUNDÄRLITERATUR

Benson, Eugene/Conolly, Leonard W. (Hgg.), *English-Canadian Theatre*, Toronto: Oxford University Press 1987.

Benson, Eugene/Conolly, Leonard W. (Hgg.), *The Oxford Companion to Canadian Theatre*, Toronto: Oxford University Press 1989.

Brask, Per (Hrsg.), *Contemporary Issues in Canadian Drama*, Winnipeg: Blizzard Publishing 1995.

Conolly, Leonard W. (Hrsg.), *Canadian Drama and the Critics*, Revised Edition, Vancouver: Talonbooks 1995.

Filewod, Alan, *Collective Encounters. Documentary Theatre in English Canada*, Toronto: University of Toronto Press 1987.

Gilbert, Helen/Tompkins, Joanne, *Post-Colonial Drama. Theory, practice, politics*, London: Routledge 1996.

Glaap, Albert-Reiner (Hrsg.), *Das englisch-kanadische Drama*, Düsseldorf: Schwann 1992.

Glaap, Albert-Reiner with Althof, Rolf (Hgg.), *On-Stage and Off-Stage. English Canadian Drama in Discourse*, St. John's: Breakwater 1996.

Optekamp, Yvonne, *Englisch-kanadische Bühnenstücke als Einblicke in die Geschichte Kanadas. Thematische Aspekte und dramaturgische Konzepte*, Trier: Wissenschaftlicher Verlag Trier 1995.

Rubin, Don, *Canadian Theatre History. Selected Readings*, Toronto: Copp Clark Ltd. 1996.

Wagner, Anton (Hrsg.), *Contemporary Canadian Theatre. New World Visions*, Toronto: Simon & Pierre Publishing 1985.

Wallace, Robert, *Producing Marginality. Theatre and Criticism in Canada*, Saskatoon: Fifth House Publishers 1990.